U0137198

日日是好日

身心自在的智慧

能體悟每天都是生命中最好的一刻，
才可說是真正了解人生的人。
如果執意生命操縱在自己手裡，
就不可能客觀的看清事物。

滌塵——著

目錄

立春

雨水

目錄
無事就是貴人
contents

驚蟄

春分

清明

穀雨

目錄

無事就是貴人

contents

立夏

目錄
無事就是貴人
contents

夏至

小暑

大暑

立春
無事就是貴人

1 日日是好日

再也沒有比眼前生活更好的日子了。能體悟每天都是生命中最好的一刻，才可說是眞正了解人生的人。

如果執意生命操縱在自己手裡，就不可能客觀的看清事物。

虛堂禪師在元旦上堂時說：

年年是好年，日日是好日。《虛堂錄》

虛堂禪師的修行非常嚴格，是位極有名望的高僧，每年他總在元旦這天向弟子宣導此言。

這句話的意思，是要人凡事全力以赴，認眞去做，不計較得失毀譽，以光明坦然的態度接受人生的悲喜，過著心無雜念的日子。正是所謂的「人生到處知何似？一似飛鴻過雪泥；泥上偶然留指爪，鴻飛那復計東西！」

是非成敗轉頭空，與其到處鑽營，不如回歸自性，清淨無爲，從今而後過更美好的日子。

2 年年歲歲花相似

梨樹開花，結實纍纍。

四時佳節，大自然以人力不可及的精準力量綻開花朵，運轉萬物，其神奇實在令人嘆爲觀止。

年年歲歲花相似，

歲歲年年人不同。（《唐詩選》）

仔細玩味這兩句詩，會覺得餘韻無窮，深具哲理。

的確，年年歲歲花相似。每一年，梨花總會在相同的樹梢上開滿潔白的花朵，如此神奇微妙的自然景象，確實令人驚異。

但人事無常，人在生死聚散中掙扎，反不如大自然中的萬物般平靜安逸。

明白了梨花隨自然之力開放的道理，就能以似花般無執的心情安靜度日，使歲歲年年雖無常，卻相似。

3 心隨萬境轉

人心必須不停轉動，才能清澈如水，一旦心境呆滯，就成了死水。人心並無固定的形態，只存在於意識中的感受，感受時心才隨之轉動。

心隨萬境轉，轉處實能幽；
隨流認得性，無喜亦無憂。《景德傳燈錄》

「隨流」的流，是煩惱的意思，這種流動形形色色，但卻以欲、見、愛、無明四者爲主。因爲心的轉動而產生意志的執著，所以執著與流動，永遠如影相隨。

「幽」是幽玄微妙，無法表現的東西，大抵可與「應無所住而生其心」相通。我們的心雖然感覺到周遭的事物，但僅止於感覺而已，並沒有注入任何東西，所以仍是本來的面目，此即禪學中所謂的「無心之境」。

也就是說，當心境流動的時候，能察覺出有眞的東西在動，進而掌握根源，就能做到歡喜時歡喜、悲傷時悲傷，既能心隨境轉，又能超乎其境，而不至於迷失於假象之中。

4 隨處做主，立處皆眞

臨濟禪師曾對修行者說：

隨處做主，立處皆真。《臨濟錄》

意思是：能力所及之處，盡心盡力、毫不敷衍的做事，則無論身在何處，皆可發現眞實的生命。也就是說，所謂的「自主」，就是不論在何處都不計一切將情感投入，果然如此，則到處皆可發現存在的意義，並感受到眞實的生命與生命的價值。

明末學者陸湘客的「六然」：「自然超然，處人超然，有事斬然，無事超然，得意澹然，失意泰然。」也正是此意。

5 萬戶盡逢春

明月冉冉上升。

不論是湖泊或河川，凡有水之處，莫不可見月光投影其上，甚且連握在手中的酒杯，也有月亮的倩影盪漾。

月無私照，不論何處皆布施以一片光華。

千江同一月，

萬戶盡逢春。（《禪林類聚》）

春月暖流，眾生皆得以感受春之喜悅。

在春天的月夜裡，把椅子搬到庭院中，一起沐浴在銀色的光輝下，更能領悟生活之美。

無論對眾生或是萬物，春天都充滿著希望，尤其是在月光之中，凡能細心體悟生命眞諦的人，便有福了。

6 無事是貴人

臨濟禪師曾說過一句禪語：

無事是貴人，但卻莫做作。（《臨濟錄》）

禪者所說的無事，是指「不求佛、不求道、不求人」的一種心理。人生確實有很多煩惱，但煩惱亦可歷練心志，使人培養出剛正、純眞的人性。不空談理論、凡事親身體驗的人，則被稱之爲「無事之人」。禪教導我們萬事不必向外求，只要深入內心，就可以找到眞實的自我。

宗教的無意識即「另一個自己」，人的內心本來就存在著這一個寶貴的自我，所以不必外求即能有此感覺，這就是「無事」。

在禪學裡，不論是「另一個自己」或「宗教的無意識」，皆稱爲自性、本來面目或本來的人。能找到自性的人，即是貴人、可尊敬的人。

臨濟禪師不欲拘執於「佛」這既成的概念中，因此，他傳法的內容大多稱「人」。事實上，佛一離開人即不存在，能尊敬眾生即是禪心。由此可見，「無事是貴人」和「無位眞人」之意是相通的。

7 人間好時節

心裡如有事，就算有良辰美景當前，也都索然無味。反之，若心中無罣無礙，自然能夠綜觀萬物、細察事體，並由內心散發出無限的智慧。

春有百花秋有月，
夏有涼風冬有雪，
若無閒事掛心頭，
應是人間好時節。（《無門關》）

春夏秋冬，四季嬗遞，連結成人的一生。如果心有芥蒂，就會怨寒恨暑，無法享受四季之美。

心無掛慮的人，可以欣賞春日中的百花盛開，進而體會生之喜悅；右手拈一片紅葉之際，也會含淚感懷人世的無常。

春花秋月，生命中的一切，其實都是大好時節！

8 直心是道場

光嚴童子在路上遇到維摩居士。童子問：「從那兒來？」維摩毫不考慮的就回答：「從道場來！」但道場在城裡，童子剛從那兒出來，而維摩卻從城外來，怎可能是剛從道場來的呢？

童子爲了修行，走出了嘈雜的鬧市，想要找一個清靜的地方修行，所以問維摩：「道場在那兒？」

維摩回答他：

直心是道場。（《維摩經》）

「直心是道場」這句話出自《維摩經》。「道場」原爲釋迦在菩提樹下悟道的座位，後來引申爲修行聖所。

道場與環境並無直接關係，而是「心」的問題。「直心」就是調和心情向前去，不亂的心就是道場。維摩走的明明是和道場相反的路，可是他卻說由道場來，這句話也可解釋爲他在對童子說：「你求道的方法恰好相反。」這無僞的眞理，當下點醒了光嚴童子。

9 枯木裡龍吟

冬風將乾枯的老樹颳得沙沙作響。但在春風的吹拂下，枯樹再度復活，此時，風的呼聲又似在慶賀重生。天地之間的萬物都被大自然照應撫慰，如同深藏著佛心的軀體，爲萬法作務，使一切得以福慧無疆。

枯木裡龍吟，

髑髏裡眼睛。（《碧巖錄》）

這是香嚴禪師回答一名雲遊僧的話。

人生中看似無用之物，藉著因緣福報，常常能由死復甦，化靜爲動。

萬事但憑心眼之觀法，森羅萬象因一念之轉，可能有一百八十度的轉變。不注意的枯木、髑髏，只要明心見性，亦皆有所悟。

所以，以智慧觀視一切，本心即光輝無比。

10好事不如無

每個病人的話頭，總是繞著自己的病痛打轉。比如：「連續咳嗽了兩個月，還未見起色，真是難過！」或是：「腰痛整整一年了，天天看醫生也無法痊癒。」

富人所談論的話題，主要是賺錢之樂。有人興高采烈的說：「買進的股票高漲，大賺一筆！」有人驕傲的說：「買入的紀念金幣漲了幾倍，大撈一票！」

好事不如無。（《碧巖錄》）

無論是好事或壞事，皆出於私刑。因此，人不應太執著於苦痛或樂事等虛相。良寬禪師曾言：「死時死可矣。」並於圓寂前的苦痛中，覺悟出「見裡見表散紅葉」，然後僊化。

可見一個人無論是遇著好事或壞事，都應泰然處之，不可存有執著的心。

11百花春至爲誰開

春風朝煦，百花齊放，遂外出旅遊賞花。

人在車中，觸目所及，一片花團錦簇，芬芳的花香，洋溢在空氣中，使人彷如置身仙境一般愉快。

馳思其間，令人想起名句：

百花春至，為誰開。（《碧巖錄》）

偈中意境雋永，人在百花春意中奔馳，更是詩意盎然。

人爲何總是拘執於利害得失呢？

花朵吐露芬芳，並不爲誰特意綻放，它順著肉眼所難以看見的自然神力，無偏無妄的自開自落。

人心應向花看齊，學習花的無心，使此心成爲眞空。

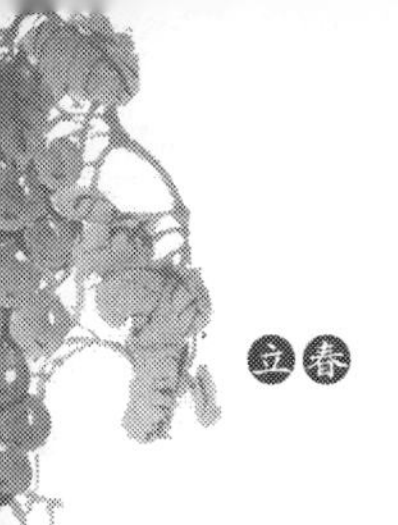

12 雲在青天水在瓶

千辛萬苦獲致高官厚祿，的確有其過人之處。

然而，地位浮名的重要性，卻永遠比不上心靈自由的千萬分之一。

中唐學者李翺，曾被任命爲湖南省朗州刺史。他很想深入研究佛法，所以多方參訪名僧。

他曾經以刺史之名，延請當代名僧藥山惟儼禪師，卻屢邀不來，只好親自登門參禪問道。

但惟儼禪師見他時卻不發一語，僅默默的指天指瓶。

李翺不解其意，再三追問，禪師方才說：

雲在青天，水在瓶。（《傳燈錄》）

禪者所眞正追求的境地，就如雲在天、水在瓶一般，自在自如，無牽無礙。

13花依愛惜散

人往往以自我爲中心，而妄下評斷。

與知心好友在花下飲酒談心，人們會說：「眞是良辰美景！」經過數日，花落滿地，人們又會哀嘆：「花的生命，何其短暫！」

其實，一切只是順乎自然，花會綻放，也會凋零，對花來說，這些現象極其自然，並非刻意安排賺取憐惜。

花依愛惜散，

草逐忘嫌生。（《正宗贊》）

不只是對花傷春，對月悲秋，人們常常嫌棄的說：「雜草蔓延，眞是厭煩！」然而，由草的觀點來看，它並不認爲自己是雜草，它也許以爲自己正發散著生命的力量，在保護著寬廣的大地。

不自深思便妄下斷語，這種分別心的判斷力是錯誤的，應該站在自然的觀點，不去隨意泛生或僵化。

14古人刻苦，光明盛大

人生之中，全力修行是極爲重要的。

徹底修行的人，渾身都會散發出光彩。

汾陽善照禪師的禪風極爲峻烈，門下的僧人都覺得他太過嚴苛而紛紛逃走。只有慈明一人，以錐子刺股驅走睡意，而仍專心坐禪。

他常自我激勵：

古人刻苦，光明必盛大也。

我又何人哉？

生無益世，死不知人，

於理有何益？（《禪關策進》）

糊裡糊塗過日子，終生不過是行屍走肉。惟有夜以繼日，一心不亂的修行參禪，才能眞正磨練自我。

應知，所謂「古人刻苦，光明必盛大也」。

15 雨滴聲

春雨綿綿，春光真是無限美好！

雨聲扣人心弦，鏡清道忖禪師有一次聽見雨聲，自言自語的說：

「門外是什麼聲音？」

一名小僧立即回答：

雨滴聲。（《碧巖錄》）

鏡清道忖禪師再度自言自語說：

「眾生顛倒，迷己逐物。」

禪師之意是：人往往為眼前現象拘束本心，若一味執著於雨只是雨，那麼，「雨滴聲」便是和自己分離的他物。在禪理中，天地宇宙間的一切皆與自己渾為一體，因而雨滴聲即自己，自己即雨滴聲，情景交融，而非分別為二。

雨水

無事就是貴人

1 鶯逢春暖歌聲滑

草長鶯飛，啼聲婉囀。

美妙的鶯聲，人類永遠無法摹仿，事實上，鶯自己也不知爲什麼能夠如此鳴唱，只是自然天賦罷了，鶯啼是出於無心的。

鶯逢春暖歌聲滑，

人遇時平笑臉開。（《槐安國語》）

聽見鶯聲婉囀，人的心靈立時感到平和清明，這時亦正是春到人間。

人不妨以穩定的心緒待人處世，使周圍的人能感覺到春天的暖意！

日日有笑臉，一生皆平和。

2 慈

律己甚寬，待人以嚴，似乎是人之通病。

白隱慧鶴禪師曾針對這種心態，提醒世人注意，希望人人能夠待人如己，以體恤慈和的心善待，才合乎人道，須知：

每一個可愛的孩子，

都是他父母眼中的心肝寶貝，

應該視同己出。（《白隱慧鶴語錄》）

若能用這種慈悲心去善待眾生，則人人都會坦誠相待。

正如溫和的春風化育萬物一般，所到之處，草偃風行且無所爭執，一片祥和。

3 柳綠花紅

初春三月，大地欣欣向榮，到處生機盎然。

枯枝萌發綠芽，花朵含苞待放，人生再也沒有比這更美麗的景緻了。

蘇東坡是禪門居士，且有透徹觀察一切事物眞相的慧眼。他說：

柳綠花紅真面目。（《東坡禪喜集》）

萬物的存在，確是如此眞實自然。

柳樹迸綠芽，迎風搖曳生姿。

花朵染嫣紅，盡情展露風華。

無論是花是柳，大自然的一切深蘊佛道，不遮不掩，眞實簡單。

如果人能以感恩的心，體悟生命存在的眞理，人生便不致空洞寂寥。

4 煩惱即菩提

如果不工作便能擁有一切，那該多好？

這種好逸惡勞的想法，只會使人生更為苦惱。

須知慾望如無底深淵，一旦墜入淵底，勢必迷惘痛苦，掙扎矛盾。

煩惱與菩提似乎全無關聯，但在禪理中，卻視之為一體。

凡夫即佛，

煩惱即菩提。（《六祖壇經》）

禪心深廣無邊。

去除心中塵埃，盡卻一切煩惱，潛行修行，即可截斷煩惱。可惜在現代的社會中，這樣簡單的事卻很難辦到。

透視人心的煩惱，會發現煩惱之中亦有救贖的芽苗生長，此即煩惱生菩提。

這就和淤泥中可生出一塵不染的蓮花的道理一樣。

5 千里同風

漫步在春天的郊野之中，遍地花開如毯，舒適柔軟。

蝴蝶翩翩飛舞，人在這樣美好的環境中悠遊，更覺春日之美。

春風徐來，溫柔的撫觸肌膚，無論行至何處，春風給人的感覺都是一樣的。

千里同風。（《宗鏡錄》）

人心亦應如同春風，無論對何人，在何時何地，皆平等相待，沒有差別變化。

人如果也能像春風拂人，一定會蝶影翩翩，不忍飛離。

此風千里，千里同風，願一生都如春風拂人。

6在途中不離家舍

人類已習慣了相對法，一切東西都有對立的觀念，即目的和手段、結果和方法，例如工作是爲了生活、爲了家庭，所以眾生多半汲汲營營度過一生。

臨濟禪師曾說：

論劫，有一人，在途中不離家舍；
有一人，離家舍不在途中。（《臨濟錄》）

「劫」是音譯，乃「無限的時間」之意。

「途中」可以比爲工作，如果不把工作當成目的，人生就不豐富，生活就沒有目的。但「途中」本身亦即目的，亦即「家舍」。正如蝸牛背著蝸殼走，一步一步前進，每一步都伴隨著目的。

有人說：「人生的意義，不在成功，而在努力。」意思是成功不是目的，努力才是目的，但爲了努力而努力，也是一種相對論。超越這一階段而不成爲價值批判對象的生存意義，才是此處說的「途中」與「家舍」。禪者把這些當成「動中的工夫」，給予很高的評價，而成了「行亦禪、坐亦禪」這句名言。

7 十世古今　當處一念

今天一日之中，實已涵蓋著人生的一切。

甚至，在此刻所下的決心之中，也存在著人生的一切。

此刻活著的事實，與自己的全體人生有著密切的關聯，是無法與過去未來斷卻的可貴的一日。

禪謂「一念即萬年，萬年即一念」，如此超越相對而迫進眞實，即爲禪。又謂「一念即十世，十世即一念」，一念中涵蓋十世，又超越相對，更是禪之眞義。

人若能眞正了解一瞬中即包含有億萬年的意義，就會珍惜剎那，把握億萬年的永恆。

禪最重視瞬息之間，亦即：

十世古今，當處一念。（佛語）

累積一瞬則成一日、百日，乃至千日……，所以應珍視與前後際斷的瞬息，人生才可豁然開朗。

8 日出海天清

現代人置身於大都會中，卻只能在鴿籠般大小的角落度其一生，因此經常會有被壓抑的窒息感。

所以要偶爾走出都市，投向大自然的懷抱，來尋回尚未泯滅的一絲天真。

人本來就是大自然的一部分，在大自然律動中生滅、悟道，最後回歸大自然而發覺眞我。所謂：

雲消山嶽露，
日出海天清。（《五燈會元》）

春陽逐退冬雪，大地一片欣欣向榮，自然界的姿態在春天最是神聖莊嚴。此時，太陽的光輝普照大地，無論天空或海洋，均如佛心般清淨無礙。

擁抱清新如洗的大自然，身心自會舒暢愉悅，一切優美感受皆因接近佛心所致。

9 金剛定

好不容易下定決心，許下諾言：「我一定要如何如何……」可是，心頭妄念立生，雜務歧蕪；馬上，所有的承諾都丟到九霄雲外去了。

人實在應該以金剛王的寶劍，斬斷一切苦惱魔心。

佛的禪定又稱「金剛定」，亦即金剛定三昧。禪學亦以此「金剛定」作爲修行的目標。

道元禪師稱「只管打坐」爲：

金剛定……首楞嚴定也。（《正法眼藏》）

道元禪師在天童山中，親眼看見如淨禪師脫下鞋子，痛打正在打盹的小僧人，務使其專心致志於身心脫落的坐禪。

人若要致力禪學、只管打坐，除了金剛定之外，別無他法。

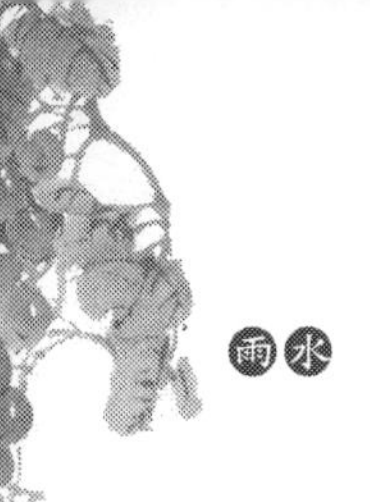

10 一片月生海

憑窗眺望海天之際。

一輪明月逐漸上升，將銀色的月光灑落海面，照耀得萬物鮮明活絡。

春天的海面，平靜無波。

一片月生海，

幾家人上樓。（大智偈頌）

如此美麗的夜晚，使人不忍早睡。我凝望海面，游魚飛躍，浪花潑濺，生機盎然，眞是令人百看不厭。

如果魚兒就是我……，一念之間，頓覺人魚如一，感悟生命之可貴。

世事本來幸福和樂，人人皆因有幸而生於此世，只要善用佛心本性，天地便能呈現一片光輝。

11 端坐參禪

禪以端坐參禪爲首要之務。

禪家認爲，即使說了一大堆道理也是空談，若不深入打坐參禪的正門，無論用什麼方法，都不能領悟禪理。

道元禪師特別強調端坐參禪的正門：

人若一時於三業標記佛印，
而三昧端坐之際，
則遍本界皆成佛印，盡虛空皆悟……，
亦即自受用三昧，
其標準也，遊化此三昧，
以端坐參禪為正門。（《正法眼藏》）

禪者在禪堂中只管打坐。惟有在寂靜虛空之中，方能感悟活著的眞實感受。

但最高的禪道卻連這種實感亦予排拒，而要求徹底無心的禪境。

12 參師聞法

雖是終日只管打坐，但不參師聞法，也不容易徹悟眞實禪理。

禪者須與明師的心血骨肉合而爲一，「一器接一器」，才能體悟禪法。

換言之，禪須隨老師學習全人格。

追隨明師，聽聞佛法並參禪，是完全悟道的根本大法。

參師聞法。（《學道用心集》）

道元禪師也說過，禪者應該追隨明師修行禪道，以坐禪來承傳老師的全身心、全人格。

其間倘若有一點點我心摻雜，即非眞正的坐禪。

與老師一起坐禪，修練出渾然一體的工夫，才是禪的修行。

人的資質愈是聰慧優秀，愈容易得到至善至眞的禪境，但必須先虛心參師聞法，戒絕心高氣傲。

13花發多風雨

春暖花開，滿山遍野，美得無以復加。

但也令人擔心，一旦遭到雷雨摧殘，美好的花朵會立刻零落凋謝。在人們惜花的這種心情下，花開花謝，毫不留情。

于武陵曾經將之寫入詩中：

花發多風雨，

人生別離足。（《唐詩選》）

花的生命誠然短暫，但卻能珍惜開放的剎那，發揮光和熱。

人生的幸福也是短暫的，但看你我珍惜程度如何，剎那即是永恆，至美不必在多。

離別是必然的結局，有生必有死，有聚必有散，這就是人生。因此不必過於拘執於無謂的事物，以清明喜樂之心，邁向人生的旅途。

14 麻三斤

平日不學禪，只在週日的禪會中坐禪，這是不對的。週日參禪是眞禪，平日參禪也是禪，二者皆具禪理。

有位雲遊僧問洞山禪師：

「如何是佛？」

洞山僅以一言回答：

麻三斤。（《無門關》）

洞山禪師住在湖北襄州，此地乃著名的麻產地。因此，「麻三斤」是日常生活中常說到的話。

然而，對那問道的雲遊僧來說，卻茫無頭緒，於是他失望的離開了襄州。

修禪的工夫不在智慧的高低，而在於堅強的意志及豐富的感性。

其實，禪理不須多加思索，只要善用無心，便可在任何一句話中發現佛，既不必問「如何是佛？」，更不須答「麻三斤」了。

15身心脫落

道元禪師在宋朝天童山如淨禪師那兒悟道時，有一句對話：

身心脫落。（《正法眼藏》）

所謂「身」是指肉體。禪者謂肉體與身體是有區別的，肉體是指從母體出生時的狀態，即無反省亦無知性，按本能的成長，和其他動物沒有兩樣。禪者將之命名為「娘生身」，而在「娘生身」內暫時存在的精神狀態，稱為「生心」。

也就是說，生為動物而保持人的模樣的就是肉體。這種動物性的肉體若能注入性靈，並仔細培育成「人」，禪者才將之改稱為「身體」。由於「生心」成為身心的要素，所以肉體才能進化為身體。這種不為肉體、生心所拘執的情況，就是從自己的執著中解脫出來，而進入自由的境界。

「脫」即解脫，指從一切束縛中脫離出來；「落」是灑落，意思是沒有絲毫沈滯、身心俱爽，這就是「身心脫落」的境界。

驚蟄
無事就是貴人

1 雞曉五更鳴

日本的道元禪師曾向中國的如淨禪師學習禪法，悟道後回到日本。許多人聞風前來，請教道元禪師。

道元禪師只雲淡風輕的回答：

山僧所經叢林不多，
只等閒會天童先師，
當下認得眼橫鼻直，不受人瞞，
便空手返鄉，
所以無一毫佛法。
朝朝日東出，夜夜月西沈。
雞曉五更鳴，三年有一閏。（《永平廣錄》）

如能擁有一顆眞實無礙的心，一滴不漏、照實地接受天地間的一切，必可心領神會，進入身心脫落的境地。

所以必須是莊嚴面對人生的人，才可感悟到眞實自性的可貴。

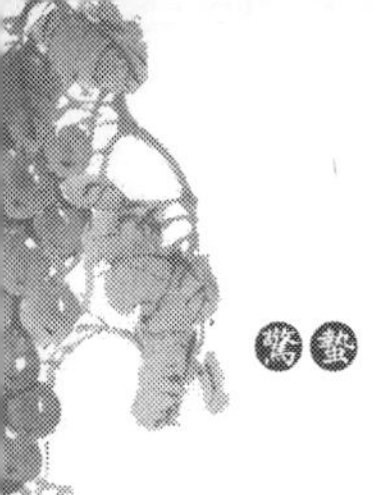

2 尊

人生中，何種事物最爲可貴?此一問題見仁見智，難以定論。因爲各人的經歷、感受不同，所得到的結論也往往天差地別。白隱慧鶴禪師也曾自問自答：

有行持之一日，
為可尊之一日；
無行持之百年，
為可憎之百年。（《白隱慧鶴語錄》）

光陰似箭，轉瞬消失。只有潛心修行佛道的一日，方可稱爲可貴的一日。如此日積月累，一個又一個珍貴的一日，就得到了有價值的人生。

人生百歲，沒有「只管打坐」的「無行持之百年」，根本毫無意義與價值可言。若要人生綻放光明，人就必須認眞行持。

3 野老拈花萬國春

獨坐星空下的松林裡。銀色的月光灑在松林曠野上，好似一幅畫境。

《臨濟錄》中記載著一首詩偈：

寒松一色千年別，
野老拈花萬國春。（《臨濟錄》）

溫柔的月光下，聳立著千年古松，年年吐發綠嫩的新葉，枝椏茂盛的向上伸展，彷彿啓示我們，人生亦應持此態度。

只有歷盡人生苦樂的白髮老翁，才能悠然自得的拈花享受春天。

現代人每天奔逐於都市叢林中，想要體味春意，必須有獨坐野地、撫松拈花的閒情逸緻才行。

4 自性清淨心

有的人性急易怒，有時別人的話還沒話完，他便斷章取義、勃然大怒。這種心理是因爲火氣大？還是自卑感作祟？眞令人想不通。

事實上，沒有人是天生易怒的，爲妄執所惑，才會污染本性，造成這樣的壞脾氣。人的本性本來是清淨無垢的。

自性清淨心，
名如來藏心。（《起信論義記》）

剛剛出生的嬰兒，個個純眞可愛，所以人人都喜歡與幼兒一同玩耍。

但是，在成長的過程中，本來清純潔淨的心靈，卻會漸漸被利欲污染。

人必須盡早覺醒欲念妄想的可怕，並以禪心洗滌一切塵勞妄念，使自性清淨心大放光明。

5 求道

禪者不是因生活貧苦，或想求取富貴而遁入禪門。

求道者是爲了求道才出家苦修，目的是要使自己和釋尊一致。

出於自願求修行道，目的無他，爲求道而求道也。

汝不為貧窮，
不失富貴，
但為求道故出家，
應忍苦。（《十誦律》）

摒絕一切、忍受艱苦，是禪者一生的志向與目標。

爲地位而生活的人，心生虛妄欲念，會導致一切煩惱苦相。

必須滅卻煩惱的烈火，才能求取道的深義。

6 無心是道

人常常有一種錯覺，認爲遠處的青草地較綿密，因而捨棄身邊的綠地，奔赴前去。

但是，到達該處時，才發覺原來所在的草地比這裡要好得多。

人生總是如此的被妄想擺布，以致白白耗費光陰，追求虛幻的一切。

倘能斷絕分別思量之心，不爲善惡是非所惑，那該多好！

僧問潙山：

如何是道。

潙云：

無心是道。（《大應錄》）

人心中只要存有分別思量之心，迷執便會永遠如影隨形。

最好認清己身所在之處即爲極樂淨土，對一切毫不迷執，便可安度此生。

7 花無心招蝶

人如果能不執著一切，無偏無妄，了無牽掛，該有多好？

但是，人卻經常做出與自己所願完全相反的行爲，爲了芝麻小事口出惡言，使自己在充滿鬥爭的生活中身心俱疲。

良寬禪師曾說：

花無心招蝶，

蝶無心尋花。（《良寬詩集》）

這是以花和蝶比作自心。

夏日來到時，滿山遍野開著美麗的花朵。

良寬禪師虛心靜觀萬物，渾然不知時光之流逝，他把自己想作花或蝶，超越一切差別，自然冥合，與萬物一體，完全深入禪的世界。

繁忙的現代人，如能調整心情，靜坐於大自然中，幻化成花或蝶，豈非愜意？

8 佛光照天地

「泥佛不渡水，木佛不渡火，金佛不渡爐」，意即木雕的佛像怕火，金雕的佛像怕鎔爐，這都是諷刺崇拜偶像的意思。

當然，用物質做成的佛像是沒什麼作用的，只有佛光方可照亮一切。人在出生之前，即已佛光內蘊，這種眞純的佛性，是水火不能侵、盜賊不能犯的。

泥佛不渡水，佛光照天地。（《碧巖錄》）

釋尊常告誡眾人，不可崇拜偶像。祂認爲，若是崇拜石做的偶像，則對山中的幽石亦應有崇拜之心。因爲「凡天地之間，不論是瓦礫或草木，無一不在表現如來的智慧和法相」。

所謂不可崇拜特別的偶像，乃是將萬象皆當成佛的智慧與法相來崇拜，能具有這種博大心境，才是禪的根本。須知存在的一切都是無心的，崇拜的心也應是無心的，無心與無心融合無間，才能現成「佛光」，照亮自己的本來面目。

9 朝朝日東出

無法認清事實眞相的人，泰半是因心鏡已被蒙蔽所致。

日本的道元禪師年輕時，曾來到中國的宋朝，一心習佛，想要成爲精通佛法的高僧。

直到遇見天童山的如淨禪師，才徹悟這種想法的錯誤。

朝朝日東出，

夜夜月西沈。（《永平廣錄》）

道元禪師視佛法爲一門學問而惕勵修行，如淨禪師卻說佛法只須將小我全然棄絕即可。

脫落身心，才能認清眞實的人生。如淨禪師將身心脫落之法，傳給了道元禪師。

每個人都認爲早上太陽從東邊升起、黃昏時從西方落下是當然之事，人生也是如此。學習身心脫落，以無心面對，即可了悟眞實人生。

驚蟄

10 妙玄獨腳

大部分的人都認爲自己的一生乃因自己而活。

事實上，一己之所以誕生，乃因父母之因緣相聚而成，而父母亦爲個別父母之因緣結合所生。

所以，人活在此世，並非僅靠一己之力即得以存活，更有許多肉眼看不見的因緣相聚，才造就了眼前此刻的生命。

緣應不錯，

同道唱和，

妙玄獨腳。（《碧巖錄》）

這首偈看似簡明，卻不是言語所能形容眞確的。

眾生雖然都以個體的形狀分別過自己的生活，但心靈卻同道唱和，好像各只有一隻腳，順著因緣際遇而與另一隻腳共進共生。

人生乍看之下彷彿是孤獨之旅，實際上卻是眾生同道，頗不寂寞。

11自己光明

在深山中向郊野人家借宿一夜。

推開窗扉，院子外的遠山直逼眼前，靜坐眺望群山、小橋、流水以及一方瀑布，恍然物我一體。

將己心與眼前的情景合而為一，即可發現本心所具的佛光，似已踏遍十方世界。

盡十方世界是自己光明，

盡十方世界在自己光明裡。（《傳燈錄》）

若能體悟己心光明即如來光明，人生即圓滿無憾。

華嚴光明世界，即在當下現成。

但如果沒有敏銳的感性，就無法體悟這種眞實的人生。

就算已具備敏銳的感性，仍然不容易洞察他人的心思，惟有體悟到自己光明，才能夠確實做到。

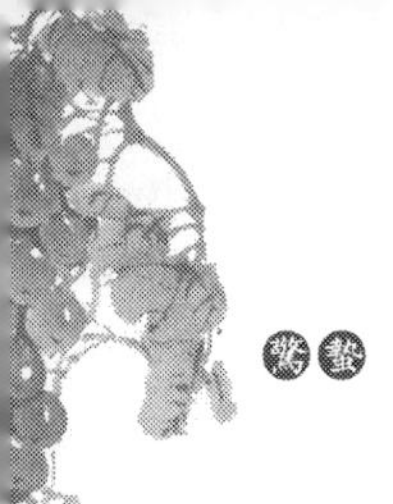

12 福聚海無量

福德圓滿的人周圍，自然會形成一個謙詳和樂的團體。

即使他不發一語，人們也很樂意與之共處；反過來說，自私自利的人，無論如何設法取悅於人，都無人理會，這就是彼此之間的差別。

福聚海無量。（《法華經》）

許多書法家寫過這個句子，只要用心去觀賞，心靈自然會充實平靜。

此話亦可寫作「福壽海無量」，也是極具智慧的詞句。在《法華經》的「觀音普門品」中，這一句具有奇妙的意義和功德。

人生亦應如觀音菩薩般積行福德，如海般無邊無量。就算無法達成佛心，也願發願以此作爲一生目標。

做人必須正直誠摯，德高望重，人必隨之。

13神光不昧

想要以知識悟解禪理是不可能的，必須發願、跟隨禪師，才能琢磨出自己本具的光明佛性。

亦即只有在只管打坐的嚴格修行中，才能體現無心的眞我。

人必須相信人心本具光明，且能明白現成。所謂：

神光不昧，

萬古徽猷，

入此門來，

莫存知解。（《禪家龜鑑》）

習禪者不可以知解作爲重要前提，必須隨著禪師參修，身體力行才能有所證悟。

禪學不立文字，以心傳心，來發現一己的本來心性。

因爲禪意深遠，故須心凝形釋，以無心行持禪法，以只管打坐發現自我。

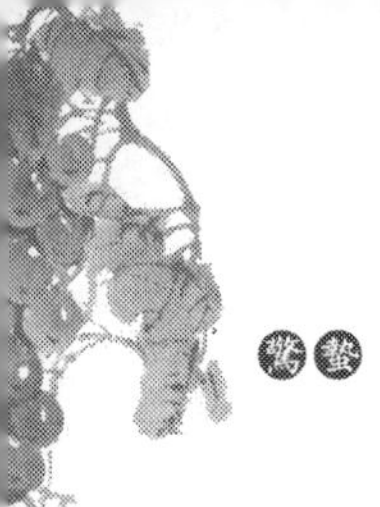

14 一片好風光

是與非互相攻訐，正與負勾心鬥角，陰陽兩極爭執不休。一勝一負，一喜一憂，根本不可能實證眞我。

陰陽不到處，
一片好風光。（《槐安國語》）

若不能夠超越陰陽對立的世界，即無法體認眞實的人生。

必須設法突破這個相對的世界，且惟有突破之處，始可見到絕對的存在和光明，而不再迷惘。

須知當下所在之處，眾生皆具佛光，可以普照天地萬物。

即使是再無用的事物，其本心亦絕對存在著能綻放光明的眞如佛性。

15 寶所在近

院子裡春花盛開，氣象一新，令人賞心悅目。

人在庵中閒坐，全神品味春天，感悟到生命的可貴。

這種自然而來的觀賞感觸，勝過一大夥人去名山賞花。

寶所在近，更進一步。（《毒語心經》）

反覆玩味這句名言，特別覺得在日常的事事物物中得以印證。

人往往犯上大錯誤，認爲：遙不可及的一切，都是美麗的。近在眼前的事物，全是平凡無奇的。

其實，身畔即有寶物。人卻耗盡一生，四處尋寶，這就像把眼鏡掛在頭頂上，卻到處找眼鏡一樣。

眞正的寶藏存在於你我內心深處，善於自省者垂手可得，只有下愚之人，才會捨近求遠。

春分
無事就是貴人

1 風浩浩，水漫漫

狂風怒吼，是誰賦予風這樣大的力量？

大雨傾盆，又是誰賦予雨這樣大的力量？

護持萬物生命的偉大力量，除了無邊的佛力之外，再無其他。

和風遍拂大地，雨水滋潤眾生……，佛光確是廣大無邊。

大野兮涼飆颯颯，
長天兮疏雨濛濛，
風浩浩，水漫漫，
頭上漫漫，腳下漫漫。（《碧巖錄》）

意即佛光充塞於天地之間。

人自以為憑藉己力可以超越宇宙，於是棄信仰理念如敝屣，把全副精神移到科學實驗當中，但儘管努力，至今卻連一朵小花也無法創造出來。

相較之下，愈見人類渺小，佛法廣大。

2 念起即覺

凡夫以塵心坐禪，無論如何努力，也達不到「無所住心」的高妙境界。

一心想達無心，便是拘泥於無心，以致坐禪時會產生妄想和雜念，終而無法成空。

因此，儘管竭力去棄滅雜念，卻是一念才滅，一念又起，令人煩擾。

結果是因太執著於揮卻妄執，而忘卻了正在坐禪。

道元禪師時常訓示弟子，在坐禪時必須把一切全部託付佛祖：

唯有離忘身心，

投入佛門，修行佛道，

如此去做時，方能不需用力，

不費心思，脫離生死而成佛。〈《坐禪儀》〉

將己身己心拋卻，以無妄執的慧心靈性，全然託付佛祖而坐禪，必可徹悟。

3 青山流水

只要是山，在任何時觀看，都具有特異的風貌。

躺在野地中，眺望富有變化的山群，眞令人百看不厭。

遠遠的山脈，往往呈現灰藍色，重疊並立，紫氣氤氳。

正所謂：

青山流水。（《大應錄》）

道元禪師從自然萬物的法相中，感悟到釋尊的容顏，他說：

峰色谷響，

皆我佛釋迦牟尼之聲姿。（《傘松道詠》）

將己心託付大自然的群山之中，內心湧現佛心一如的喜悅，確是十分神奇。

仁者樂山，與山親近，便可具備寬廣仁慈之心。

4 無說無聞是眞般若

須菩提是釋迦十大弟子之一，他最能理解「空」的意義，所以被譽爲「解空第一」或「空注」。

有一天，他在岩屋中坐禪，心境已達萬物皆空的境界，印度神帝釋天自天而降，一邊讚嘆，一邊撒落天花如雨紛飛。

須菩提問其原因，帝釋天回答：「因你能解釋般若，所以最値得尊敬。」

須菩提說：我只是坐著而已，並沒有解釋一個字呀！帝釋天乃回答：

你無說，我無聞，

無說無聞是真般若！（《碧巖錄》）

帝釋天說得好。如果解釋一個字就不是空；如果聽到一句話，也不是空。無說無聞而能了解，甚且連了解也不必了，只聽任其眞正的空，欣賞眞正的空，傳授眞正的空。

所以，須菩提的「不說」，比一切說法都更能上徹天聽。

5電光影裡斬春風

做人應該有氣魄，就像習禪者身心充滿禪的力量而發出大喝，可令聞者震撼。

無學祖元禪師在台州眞如寺當住持，後因寺院被元朝軍隊毀壞，只好遷移至能仁寺，但始終逃不過元軍的追擊。在被斬首問罪的那一刻，他氣勢凜然的唱了一偈：

乾坤無地卓孤笻，
且喜人空法亦空，
珍重大元三尺劍，
電光影裡斬春風。（《佛光錄》）

禪師的生命本是空，大元三尺劍或許認爲正在砍人頭，但對無學祖元禪師而言，卻只不過如在電光影裡斬春風一般。聽見無學祖元禪師自內心發出大喝的元軍，莫不驚懾於其震人之氣魄而急速撤兵。

6 子生而母危

盤珪禪師和白隱禪師皆為十七世紀的禪學高僧，兩人年輕時都患過重病。但正因為病痛之苦，使二人特別注意修行與養生，所以均活到高壽，且成為禪學高僧。

因此，禪者認為人生好比「以紅白吉凶兩條線搓揉而成」的。

子生而母危，鏹積而盜窺，何喜非憂也。（《菜根譚》）

嬰孩誕生之時，人人歡喜異常，事實上，母子皆處於生死關頭。財帛日增，就有宵小之輩覬覦。換言之，愉快的背後，往往緊接著煩憂。在貧病的逆境中，反倒能感受到人生的眞義，心情也隨之寬慰。

喜與悲、明與暗、順與逆均不可偏頗，必須等量齊觀。

7 一無位眞人

人人對初生嬰孩百看不厭，爲什麼呢？

夫妻吵架的時候，只要寶寶露出天眞的笑容，立刻便能掃淨陰霾愁緒，重歸舊好。可知清淨無邪的心靈，足以化解一切煩擾！

赤肉團上，

有一無位真人。《臨濟錄》

這是說，在流動著鮮紅血液的肉體，有一超出時空而無位階的眞人，亦即眞如佛性的自心存在。進一步地說，眞人即佛性，即自性，即本來面目。

計較得失利害的劣根性，會使無位階的妙慧佛性遭到污染，必須深刻覺悟；汲汲營營的追求功利，會玷污存於體內的無位眞人。

所以在日常生活中，你我必須時時刻刻自省，體悟清純的禪心，才能和心中的另一個自我相會，而成爲「一無位眞人」。

8 無功用

初生嬰兒一塵不染，正如白絹般細緻清純，飽食母親溫暖的乳汁後，便滿足的沈睡夢鄉，那天眞無邪的睡容，正是修禪者的最高理想。

禪心正是赤子心：

與嬰兒一般，

雖有眼耳鼻舌身意，

而不能分別六塵，

蓋無功用也。（《碧巖錄》）

嬰兒也是人，有眼、耳、鼻、舌、身、意等六種感官，可是，他並不利用這些作爲判斷事物價值的工具。

人的權勢地位愈高，愈會生私心，於是對他人產生歧視差別的心理，己是而彼非，赤子之心逐漸腐化，並侵蝕周圍事物。

希望我們都不要做像這樣腐敗的人。

9 白雲自在

人有時候是毫無理由的反對他人的主張，這究竟是自大呢？抑或根本是自卑感在作祟？

追根究底，一切皆因妄執而起。

禪者之修行，主要就在摒棄妄執之心。

白雲自在。（《趙州錄》）

也就是人如白雲一樣，來去自如，無罣無礙的心想事成。

與超脫妄執的人交談，正如漫步在遼闊的原野上，悠然自在。

我們日日給別人難堪，究竟有什麼意思？只是以自己貧乏的經歷和完全稱不上純熟的技術打擊他人，換來的是對方的厭憎罷了。還不如時時仰望白雲。

白雲永遠順著風向，自在的飛揚在蔚藍的晴空之中。

10 無

趙州和尚是一位終生修道求禪的高僧，他曾說：「一個三歲小孩，如果比我強，我也會請教他；但如果是一個不如我的百歲老人，我也不怕教導他。」

在立下這心願之後的二十年內，他遍訪名僧，直到八十歲才擔任河北省正定府趙州觀音院主持，所以世人稱他爲「趙州和尚」。其後四十年，他全力傳述禪法，享年一百二十歲，生平事蹟在《趙州錄》一書中有詳細記載。

一般稱趙州和尚的禪風爲「唇上發光」，因爲，他講禪時態度從容，就像唇上發光一樣，堂堂說出禪的眞諦。

他常用那超世的口才，回答：

無。（《無門關》）

但當另一個和尚問到同樣的問題時，他有時又回答「有」。

爲什麼同一個問題，他卻有相反的答案呢？

「有」和「無」，並不是存在或者不存在的概念。執意於何謂有、無，根本是無意義的。

11啐啄同時

做任何事都須掌握時機。

母鳥全心全力孵蛋，蛋中的雛鳥即將出世時，不但小鳥會在殼內拚命啐，母鳥亦須從外以喙將殼啄破，來幫助小鳥出殼。

這一啐一啄的同時，便是新生命產生的時候。

如果啐啄不在同一個時間，小鳥可能有生命危險。禪的修行，也是以「啐啄同時」為最高理念。

凡行腳之人，須具啐啄同時之眼，
有啐啄同時之用，方稱衲僧。（《碧巖錄》）

當修行者有「啐」的能力時，為師的必須掌握時機，以「啄」的氣勢，助其開悟。說起來，「啐啄同時」雖是一句簡單的話，但要把握住同一瞬間，卻是極為困難的。

人的一生當中，有太多「啐啄同時」的瞬間機緣。

可惜人們總是錯失良機，很少能夠體悟到「啐啄同時」的喜悅。

12 隨流去

走進深山幽谷，猶如置身仙境，然而，如果心仍滯留於俗塵，不仍然是一介凡夫嗎？

凡夫的所作所爲，極易被慧眼識破，但人就是自此而出發，眞正認清了人生的眞諦，就會發「求無上菩提心」而一心向道。

鹽官禪師的一個弟子，有一次在山中迷路，恰巧遇見一位仙風道骨的老僧人，便問道：「請問，往那條路可以走出此山？」

老僧人僅回答：

隨流去。（《傳燈錄》）

弟子尋到路回去後，便將此事告知鹽官禪師。禪師心想那老僧人一定是同師馬祖的法常禪師（大梅和尚），於是託弟子帶了封懇切至誠的信邀請他前來。不料老僧人卻不爲所動，逕自走入深山中。

說來容易，事實上，眞要「隨流去」，了無牽念，卻是難以辦到的。

13 關

禪語中有「雲門的關」，這是一個非常難懂的公案，古時許多修行者就曾爲此百思不解。

翠巖和尚在完成夏日九十天的苦修後，問大家：「這九十天內，我說過不少不該說的話，應該受到剃眉的處分，那麼，我還有沒有眉毛呢？」在場的和尚說了許多話來回答他。雲門禪師只回答他一個字：

關。（《雲門關》）

從此，雲門和尚的悟境，就一直用「關」這個字來代表，所以一提到雲門，就會想到「關」。一提及「關」，就會想到雲門。

不只是禪，所有的道都有與「關」一樣的窄門，所以自古以來就有「關卡」之稱，「玄關」是「進入玄妙之徑的門」，不經玄關，就不能進窺妙境，所以這一關非常重要，不能輕易放行。

「關」是從迷惑到悟道的一個轉捩點，也是由相對的認識，進入到絕對的認識的一道窄門。

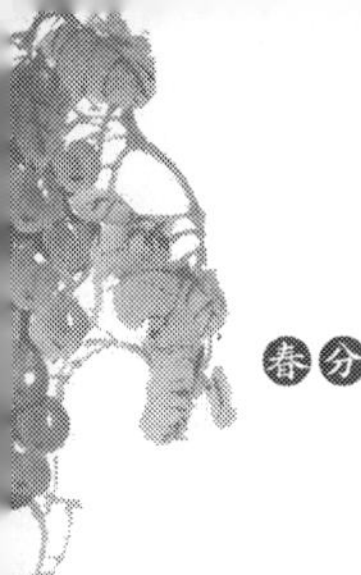

14 蓮華藏世界

出水蓮花，綻放得美麗動人。

在這樣污穢的泥田中，何以會開出如此鮮嫩的花朵呢？

眞是不可思議！

蓮花昂首出於淤泥，清新無垢，香氣撲鼻。

在這充滿欲念狂想的淤泥一般的世間，佛卻令花開得又大又美。

佛教將蓮花比喻爲清淨的佛和菩薩，以及人本有的眞如佛性。

盧舍那佛……住蓮華藏世界海。（《梵網經》）

在《梵網經》中，盧舍那佛所居及說法之處，稱爲蓮華藏世界。

此時此刻，即可聽聞佛之說法，而當下所在之處，就在蓮華藏世界中。

人須把握幸福，方能深切體悟生活在蓮華藏世界中的喜悅與安然。

15草木國土，悉皆成佛

在凡人的眼中，草就是草，樹就是樹，沒有其他可能。一旦接觸禪道，就算是最平常的事，亦能令人耳目一新。佛光普照，現成世間萬物。因此，草本皆應與己心一如。

草本國土，悉皆成佛。（《華嚴經》）

似乎成佛的草本國土，亦在言說佛法。

釋尊也是在悟道之後，才明瞭世間萬物皆具法相，也才將此悟心以深入淺出的說法教誨眾生。

草木蟲魚鳥獸皆與自己一如，無人我之分，世間自然充滿祥和之趣。

清明

無事就是貴人

1 山高水深

每個人都有值得驕傲之處。能創造出美好的人生，奮發努力固然很好，但若因恃才傲物而輕慢，甚至目空一切，就算成績已達至善至美，也因「不眞」而嫌美中不足。所以，人一定要在靜穆中修練虛心，一直到「無言」方達禪學眞諦。

日本後醍醐天皇和花園天皇，皆皈依於其門下的大燈國師宗峰妙超，是京都紫野大德寺的創建者。他被人讚爲「如氣宇王，少有人近傍」，可見其習禪之徹底與無言。

大燈國師在二十六歲時，即得到大應國師印可，證實他以小小年紀即大徹大悟。當時，他的老師叮囑他：

只是二十年長養，令人知此證明。（《虛堂錄》）

意即，在今後二十年，要努力修行，讓人們了解你眞有資格受此印證。以後二十年，大燈國師一直在五條橋下與乞丐群居修行而不願出世，其悟道的精練之心，已達「山高水深，雲閒風靜」之化境。

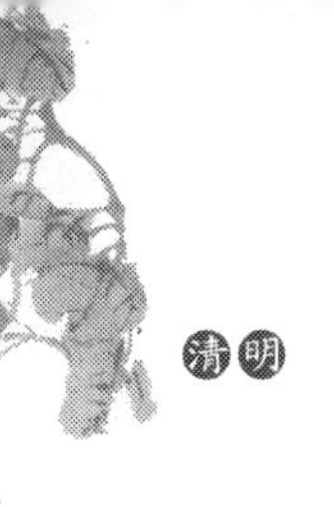

2 八面起清風

夏日嫌熱，冬夜怕冷，人總是依內心的感受，任意評斷事事物物，因而生活總是忽喜忽憂，無法以感恩的心，去體悟在春風中萌芽的新生喜意，或是歷盡風霜的重生之樂。

其實，反過來想，炎暑夏日，太陽能量灌進稻穗之中，便得秋來時農作物能豐碩飽滿的結實，這不是無上的慧業嗎？

想過清明的歲月，必須去除善惡利害之心，將私利之欲徹底斬斷。

兩頭共坐斷，

八面起清風。（《五燈會元續略》）

把狂妄自大的自我中心坐斷，就會由內心吹起清淨的和風，令人神思俱爽。

時時勤拂拭心中塵埃，即能體悟人生中美好的妙境。

3 說不著

禪無法以言語來詮釋，也無法用文字來表現。

只有跟隨明師，將自己全然投入，只管打坐，始能了悟而承接老師的全部人格和修為。

深遠奧祕的禪境，完全無法明言，亦即「說不著」是也。

「身心脫落」的境界，不是語言可以清楚說明的。

通身是口，說不著。（《碧巖錄》）

禪宗始祖達摩乃東印度人，他渡海來到中國的少林寺，雖不解中文，但以面壁九年的坐禪，身體力行將禪學完全授給門下弟子。

二祖慧可禪師以身心確實傳承達摩大師的禪風，兩心相契，其奧祕是言語文字所無法傳達的。

總之，必須師徒身心一致，方能將禪的菁華傳之後代。

4 滿目青山

山使人心曠神怡，悠然自得。

夜登峰頂，等待黎明。層層山巒，似乎全部籠罩在宇宙的神祕之中。頃刻間，陽光躍出山頂，霞光普照，好似把愛帶給世間萬物。

遠眺青山，使自己不與山對立，更進一步與青山冥合爲一體。

滿目青山。（《從容錄》）

若能以心眼觀賞連綿山脈，即可感覺到心與山融爲一體。

滿目是青山，滿心亦是青山，自己即是山，山我一體。宇宙亦自己，這實在是幸福的極致。

心生至此，無比適意。

5 青苗滋春雨

靜心觀察四季的風光變化，會發覺許多一向不為人知的事物，發散著佛心的光芒。看到一片紅葉，可以想像是誰令它身為紅葉？為何如此自然美麗的生長著？尋思之後或可領悟：人力縱然縝密，但永不及大自然的造化。

紅葉染秋霜，

青苗滋春雨。（《便蒙類編》）

在大自然中體悟天生萬物的神奇，清淨之心是極為重要的。青苗滋生於大地，每逢春雨便萌發新芽，綠意盎然。

這萌芽的偉大力量，潛藏於大自然中，應四季的嬗遞而出現。

人類終日驕矜自滿、虛張聲勢，但一片紅葉、一株青苗，人力做得出來嗎？

大自然的偉大真是難以言喻，惟有與萬物合一，渾然忘我，方可體悟佛心真理。

6 山河全露法王身

自然界的森羅萬象，都是法身全容的表現。所以，禪語有此一名句：

山河並大地，

全露法王身。（《普燈錄》）

眼睛看得到的東西，沒有一樣不是佛陀的啓示，佛慷慨的把一切賦予我們。《僧寶錄》說：「爭如著衣吃飯，此外更無佛祖。」就是說：此時此刻有得穿、有得吃，除此之外，沒有眞佛。

但是，到處有法身，而佛心蒙昧，即使明明眞理擺在面前也無法發現。不論學習什麼，若想徹底精學，就不能有輕浮的心和不求甚解的個性。

禪語說：「松樹千年歲，不入時人意。」意思是松樹千年不斷說道，但只有對這有興趣的人才聽得到，凡夫俗子即使面對法身，佛性也是冥頑不靈的。

7 拈花微笑

有些人凡事都必須用理論來說明，才能了解。

有條理的說明固然重要，但禪的修行是超越理論，以心傳心的。

釋尊便是利用這種無言的方法，把佛法傳給了迦葉。

吾有正法眼藏，涅槃妙心，

實相無相，微妙法門。

不立文字，教外別傳。

付囑摩訶迦葉。（《無門關》）

對靈性遲鈍的人頷首微笑，對方未必了解奧義。但迦葉是群眾中惟一懂得釋尊心意的人，所以兩人會心一笑，盡傳佛法。

弟子若不努力修練至能超越老師的境界，則無以繼承衣缽，所以必須以超越前人的努力，來繼承後續的使命。

8 空即是色

世事無常，萬物皆空，沒有一種事物能夠永遠保持現狀。《般若心經》曾提示世人「有形物皆空」的眞理。

觀自在菩薩，行深般若波羅蜜多時，
照見五蘊皆空，度一切苦厄。（《般若心經》）

將鮮嫩多汁的水蜜桃放置三天，就會腐爛，再繼續擱置一個月，便爛得只剩果核，放置一年以上，則連桃核都不見蹤影。

「色即是空，空即是色」乃一體之兩面。包括人類在內，宇宙間萬物皆色，並無實體，只是因各種因緣的和合而顯形罷了。

因此，追名逐利而虛度一生的人，實乃被無形之物所支配擺布而不自知的愚者。

9 吹毛用了急須磨

本性擁有的般若智慧，若不勤加拂拭磨練，很快就會遲鈍不利。

但即使潛心修行，深受各方肯定，一旦停止修行，靈心慧性也會立時衰弛而致退化。

一如將毛髮置於利劍的刀鋒之上，吹彈立斷，般若智慧也必須練就如此的氣勢。

臨濟禪師在圓寂之前，遺留一偈曰：

吹毛用了急須磨。（《傳燈錄》）

意思是在任何時候，都要努力進修，以免有「書到用時方恨少」之憾。

許多人踏出校門之後，便不再碰書本了，原有的智慧知性就此混沌不清，這是很可惜的。

因此，人只要活著一天，就必須進德修業，斬斷迷執，如此方能符合禪的精神。

10直指人心

爲了理論和事實之間的距離，人往往爭執不休。

單是以理論來建立一己的正統性，不能稱之爲客觀。

禪學並不主張任何繁複的理論，只是明心見性，即可臻於佛境。

不立文字，

直指人心，

見性成佛，

若見得恁麼，

便有自由分。（《碧巖錄》）

爭論只會使人我都受到傷害，別無益處。無論勝負，彼此之間也都只會產生怨恨和芥蒂，大傷和氣。

所以，禪理無議論，只是一針見血，直達本質。

不須語言，不靠文字，禪但憑無心即可觸及事物的核心。

11 喝

於緊要關頭之時，不忘對自己大喝一聲，往往可以將迷霧揮除。

「喝」，本來出於中國禪風中。

它源於馬祖道一禪師對百丈懷海禪師訓誡時所發出的喝聲：

一喝如雷，聞者喪膽。（《臨濟錄》）

可見喝聲的驚人氣魄，此乃禪師慣用來喝破弟子迷執的方法。

《臨濟錄》中亦有記載：

「僧問：『如何是佛法大義？』，師便喝。」

「喝」可取代一般言詞所無法說明的妙義，並明白表達出禪在悟心上的多重妙用。

因為一喝之中，包括了人所能領悟的一切，禪師旁觀弟子的開悟時機，可是助其更上層樓，特別為禪者所重視習用。

12 臨濟喝

徹底坐禪的禪身，周身往往充塞著宇宙間的無窮力量。

「喝！」

以一「喝」之力幫助弟子在一瞬之間，豁然頓悟禪機，這一喝實富有充塞於天地間的生命力，能徹底斬斷弟子心中的執迷拘泥。

臨濟喝，德山棒。（《傳燈錄》）

臨濟、德山兩位禪師教誨弟子的方法，一用「喝」，一用「棒」。

弟子於坐禪修道時，禪師會看準他們悟道的時機，猛然一喝，頓時撥雲見日，禪通心悟。

禪師和門人同聲一喝，更是兩心相契，正如白刃相交，火花飛迸，力大無窮。

「師者，所以傳道、授業、解惑也。」要破除迷惑之念，師父的禪心氣魄是不可或缺的。

13 功德福田

人即使在無意識中，也會顧全一己的私利來行事。

但在以自我爲中心作爲判斷標準之際，也應同時對目前的環境心存感謝。生命如此可貴，眼下活著的這一刻，就足以使人感懷造物之恩。人若篤信並身體力行產生福果的三種善行，人生就會像田中豐厚的收穫一樣，充滿福慧。此即忘卻自我，對一切產生感恩之心。

- 敬田（敬三寶也），恩田（不忘父母之恩），悲田（濟救貧人）。
- 報恩福田（報答父母之恩），功德福田（敬三寶也），貧窮福田（救濟貧人）。

《優婆塞戒經》

日本聖德太子在《十七條憲法》中特別列有一條：

篤敬三寶。

他鼓勵國人尊敬佛、法、僧三寶，認爲惟有以篤敬三寶的善心生活，才能與周圍的人們和諧相處，得到圓滿至善的人生。也就是說，有尊重、有敬仰的生活，才可生出謙卑心，與人和睦共存。

14 感應道交

能得到令人景仰的好老師，是一生中最幸運的一件事。

禪者以一生追隨良師，完整的承襲其完善的人格，並且心無旁騖的參道坐禪，最後便可實現自我。

「禪道」著重老師和弟子的禪機相契，「身心脫落」之學即於是處大放光彩。

此心不在周遍法界，不在前，不在後；不在有，不在無；不在自性，不在他性；不在其性，不在無因性；然在感應道交處，發菩提心也。（《正法眼藏》）

只有以誠摯至真之心生活，才能產生敏銳的感受性，也才能以之產生「感應道交」的人際關係，使生命更具意義與價值。

15 一念萬年

數學中的一，就是一，是純粹抽象化的一，絕不會變成二，也不會變成百，更不可能代表其他意義。

但以禪學來看，則「一」不但也是百，亦包含千，甚至千萬、億萬。

所以，一念即含蘊千萬年的歲月。

以時間而言，一念即萬年；以物質而言，一物即萬物。二者的本質是相輔相成、渾然一體的。

快人一言，快馬一鞭，

萬年一念，一念萬年。（《碧巖錄》）

宇宙之間，再沒有比心更寬廣、巨大、豐富的所在了。即使身在方寸大小的小庵中，心靈亦能任意翱翔，飛越千山萬水，無遠弗屆而至於宇宙盡處。

因此，人須謹記，一念具有通達萬年的功力，不可小視。

穀雨

無事就是貴人

1 慈眼視眾生

人在判斷事物時，往往會透過得失利害的觀點來看，因而失之公允。有「我」存在，便有分別心，連自己也可以想見此心的可悲與貧乏。《法華經》於〈觀世音普門品〉後段訓誡世人，應去除得失利欲之心，對事物秉持仁心以視眾生，此即是觀音菩薩心。

一切具功德，
慈眼視眾生，
福聚海無量，
是故應頂禮。〈《法華經》〉

觀世音菩薩集無量功德，以大慈大悲心眼待一切眾生，其福德眞是如大海一般無邊無量。

但願我們也能以此種大慈悲心，去看待世間萬物。

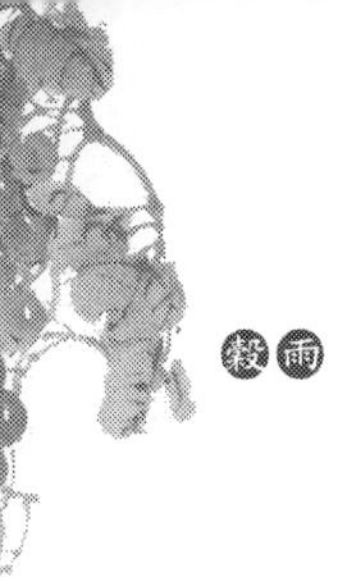

2 一切聲是佛聲

想要以理論來詮釋人生，是無法做得徹底的。

超越理論，讓己心化爲一片虛空，佛性才能顯現，人生才能悠然自在。

投子大同禪師曾回答一位僧人的問題：

僧問投子：「一切聲是佛聲，是否？」

投子云：「是。」（《碧巖錄》）

此僧以分別心問道，而投子大同禪師卻答以分別思量之外的消息，所以該僧人無法完全體悟其意。

同樣的，人若以執著之心處事，執必無法做到盡善盡美。

若要聽一切聲俱是佛聲，惟一的方法是將己心全然投入佛中，與佛一如。

3 一切衆生，悉有佛性

人皆有惻隱之心，絕不會任意殺生。

沒有人喜歡見到流血的場面，總希望生活得平靜快樂，不動刀槍。

可見：人天生即具佛性。

一切萬物，亦皆具佛性。

一切眾生，悉有佛性，

如來常住，無有變易。《涅槃經》

不妨常常自我檢討一下。

人本來是慈悲為懷、溫和而富有同情心的，這都是豐美的佛性。

人生之中，倘能展露本心、相互提攜，生活便無災無難，到處平安。

禪者之所以教人參拜己心，乃因自己即是佛。

4 諸惡莫作，眾善奉行

人人都知道應該多行善事，不做壞事，但卻很少有人能夠付諸實行。

唐代詩人白居易自號「香山居士」，一心皈依佛門，故經常參訪道林禪師，向他請教佛法。

「佛法大意是什麼呢？」

道林禪師悠然回答：

諸惡莫作，眾善奉行。〈七佛通戒偈〉

白居易對如此簡單的答覆，感到十分驚奇，因而愣了好一會兒，道林禪師看出他的迷惑，又說：「這話說來容易，但即使是八十歲的老翁，都很難做得到。」

白居易因此大徹大悟。

佛法的哲理不是言語所能表達盡致的，必須親身實踐才稱得上體悟。

5 平常心是道

人心經常煩擾不安。用這種不穩定的心情與人交往，當然沒有愉快的感受，別人也很難與你和樂相處。

以穩定的平常心與人相處，方可靜心傾聽他人的苦痛或快樂，並給予他人鼓勵或慰藉。

禪祖達摩大師於少林寺中面壁九年，目的即在修行內心的和平，以不受空無所拘的空無，作爲修業的最終境界。此即所謂「平常心」也。

臨濟禪師亦極力強調：

平常心是道。（《臨濟錄》）

人心多爲私利私慾所擺布。想成爲突越空無的人，須先棄絕執妄，且不拘泥於空無，才能出生眞正的平常心。

仔細思量「平常心是道」這句話，讓人心靈祥和，感覺似離淨地不遠。

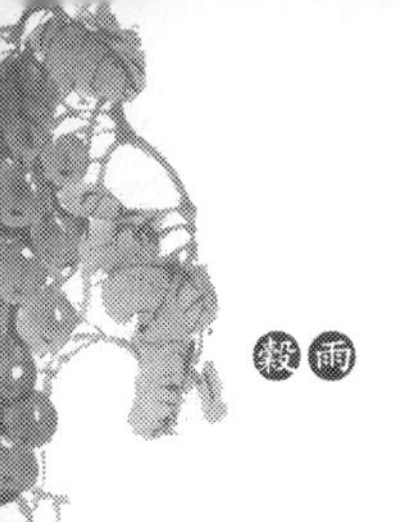

6 安眠高臥對青山

在人生的怒潮中奮鬥求生，年歲慢慢大了，最後也許終於功成名就，位尊望重，然而，一旦冷靜下來，自問此生的眞正價値爲何時，我們仍可能會認爲一日無事最是珍貴。

老倒嗒慵無事日，
安眠高臥對青山。（《五燈會元》）

年事愈高，人愈能眞正體會到無事之可貴。

所謂「安眠高臥」，是何等愜意的境界。

人自睡夢中醒來時，蒼翠青山即在眼前，人生就再沒有比這更令人心安的感覺了。

追求名利的人生，精神生活容易枯竭而無靈性，若能將此俗性徹底斷除，以悠然的心情體會生活的眞諦，就能享受「安眠高臥對青山」的自在自得了。

7 任運自在

人很難完全信任他人。

儘管工作繁忙，也要事必躬親，情願工作逾時，亦不願委託他人。任何人皆難免「我執」，但太過於執著自我，反而會喪失自我，無法悠遊自在的活動。

所以，首先要將分別心、計較心、私利心等，全部棄絕。

道即是心，不可將心還修心……

不斷不修，任運自在，方名解脫。（〈禪源諸詮集都序〉）

人與無執無慾的朋友相處，往往如沐春風，而和拘執迷妄的人在一起，身心會難受到如聞惡臭，不可忍受。

摒絕我執，拋卻私心，方能拓展無限充實的人生。

「任運自在」的境界很難達到，所以更具挑戰性。

8 不識

以自我爲中心的人，距離眞人的境界遠矣。

無論身分地位如何顯赫，衣著裝飾如何華麗入時，其實都是身外之物，毫無價值可言。

清淨無華、返璞歸眞，方能生出靈心慧性。開口閉口就是：「我如何……我如何……」的人，事實上是最容易失去自我的下愚之人。

堪稱爲佛教政治家的梁武帝，創建了佛教王國，被尊稱爲「佛心皇帝」或「袈裟天子」，深受萬民景仰。

當禪宗始祖達摩大師由印度渡航至梁時，武帝希望達摩會稱讚他的功德，所以一見面就問：「對朕者誰？（站在我對面的人，是何方聖者？）」

不料達摩大師淡然回答：

不識！（《碧巖錄》）

無心本是寶，惟有以謙卑之心對萬法萬物，方能見眞如佛性。妄想他人稱讚，此心即受污染。

9 無功德

一般人都爲求功德而行善，所以不論做什麼事，都存著利己的私心。

梁武帝號爲「佛心天子」，也不能免俗，在位時創立佛教王國，建寺養僧，普獲崇敬。

但當達摩大師自印度東來中國時，梁武帝仍希望自己推廣佛教的成績能受到肯定，便問：「朕即位以來，造寺寫經，度僧不可勝數，有何功德？」

達摩大師毫不客氣的回答：

無功德！（《傳燈錄》）

梁武帝一時啞口無言。

達摩大師對這種「行善欲爲人知」的行爲，予以當頭棒喝，以「無功德」一言告誡梁武帝，勿藉信仰之名，妄圖得到功德。

須知佛道是無功德的，惟有默默行善，才能積善行而得善果。

10 廓然無聖

驕傲是人最大的弱點。

「我一直照顧他，他一定會對我言聽計從。」人總對自己充滿信心。一旦結果不如自己想像時，便會沮喪傷懷，甚至怒責他人，其實這一切全是因爲人我皆有傲氣所致。

達摩大師跋涉千里，由印度到梁朝，佛心天子梁武帝和他見面時，竟也掩不住自傲的態度，問他：「最重要的佛法教訓，是什麼呢？」

達摩大師泰然自若的回答：

廓然無聖。（《碧巖錄》）

清朗如萬里晴空的心，是得窺禪心最重要的條件。自認爲「聖」的人，反而會爲「我執」所誤。

因此，有一顆不受外物拘束的自在心，即擁有禪心。

11 一華開五葉

達摩給慧可印可時，附有一首偈：

吾本來茲土，傳法救迷情，

一華開五葉，結果自然成。（《少室六門集》）

意即：一朵花可開出五片花瓣，長成豐碩的果實，你若能充實人生，使之具有「佛性」，亦可顯示出覺悟的成就。

禪解釋「一華開」，即回到原來的自己，使埋藏在內心的佛性覺醒。「第一個花瓣」是：能了解未經學習而存在內心的佛性，稱爲「大圓鏡智」。「第二個花瓣」是：能將萬物一視同仁，看成「佛心」的智慧，稱爲「平等性智」。「第三個花瓣」是：當平等性眞實的呈現後，自然能了解區別的莊嚴性，亦即「妙觀察智」。「第四個花瓣」是：佛手似我手，佛足似我足。身心漸漸成佛，即「成所作智」。「第五個花瓣」是：「法界體性智」，即接納四周一切的事物，作爲表現佛心的智慧。

將上述五個智慧綜合爲一華，即是「一華開五葉」的意思。

12 身是菩提樹

大多數的人都認爲佛在己身之外，所以一心向外求佛，其實這是錯誤的想法。佛就是你，也就是他，你我自身即具清淨的佛性，只要以修行來磨練己心，使其不著塵埃，即可成就無上佛果。

承續達摩大師禪法的五祖弘忍禪師，有一弟子名爲神秀，他曾將自己對佛法的領悟悄悄寫在牆上，曰：

身是菩提樹，
心如明鏡臺，
時時勤拂拭，
莫使惹塵埃。《六祖壇經》

弘忍禪師觀後大爲感嘆，說：「入門未得，不見自性。」因爲心和明鏡臺是兩者合一、不可或分的。

13 菩提本無樹

世間一切何其虛幻，萬物皆空，空即一切。所以如果人為物役，強說有物，就是為自己招致顛倒妄想，各樣迷執。

五祖弘忍禪師為要傳授法印，曾令門人弟子各自寫出內心領悟，有一位名叫神秀的弟子，便將自己的悟道經驗寫出，貼於牆上。然而，弘忍禪師卻認為其尚未明心見性。此時，擔任舂米工作的慧能，從一位寺僧處聽到神秀所作的禪偈，認為不妥，將之略微修改。雖然他目不識丁，卻也口誦一偈：

菩提本無樹，
明鏡亦非臺，
本來無一物，
何處惹塵埃。（《六祖壇經》）

沒想到弘忍禪師讀了此偈後，立刻發現慧能的悟性，而將衣缽傳授給他，是為六祖慧能。

14 行到水窮處

外出旅行，不一定要有特別的計畫，沿途只要發現美妙的風景，便可稍作停留，在那裡與大自然過一段快樂的時光。

詩人王維在中年時，看破了世事虛空，於是到終南山的郊野別莊隱居，這種遺世獨立的生活使他甚感滿足，於欣賞雲彩飄盪的景致時寫道：

行到水窮處，

坐看雲起時。（《唐詩三百首》）

人總是時時刻刻忙碌不休，做這個、做那個、趕時間、搶效率。要卸除此一壓力，只有徹頭徹尾拋開時間的觀念。

沿著一彎清流走入山中，發見河流的源頭，便以手掬水，享用泉水沁人心脾的甘美。

自然所在之處，莫非佛心。

15 摩訶般若波羅蜜多

人總是自作聰明，自以爲是。

其實，應付日常生活的小智慧，是不足掛齒的。般若大智，才能應變諸相而成佛。道元禪師曾說：「盡十方界之森羅萬象，莫非般若，亦即佛。」這才是大智慧。

大智慧即般若，即超越世間的智慧。

「摩訶」即大、多、好之意，而「般若波羅蜜多」即佛所具的大智慧，亦即貫通宇宙的佛之大智。

一切眾生頓悟摩訶般若波羅蜜多，

同成無上正遍知覺。（禪苑清規）

人若能無心的只管打坐，而使身心脫落，全身即可充滿摩訶般若波羅蜜多的大智慧。惟有超越人智，才可看見眞實的人生。

立夏
無事就是貴人

1 話盡山雲海月情

無論時空的距離多麼遙遠，都不能動搖摯友之間深厚的情誼，而且一旦相聚一堂，立刻會有「話盡山雲海月情」的感覺，意氣投合，相談無厭。

話盡山雲海月情。（《碧巖錄》）

這句話在禪學中，是指禪者之間彼此傾心交談，一點心機也沒有的眞情至性。在藝術或哲學的領域裡，則表示已達到人與人之間高妙水準的交談。禪者之間把悟的眞諦用文字或語言來傳達，亦可藉由這一句話來形容。

山雲與海月，表達了自然的美妙，禪者亦有同心。芭蕉和尚曾經說：「順乎造化，與四時爲友，所見者，不會沒有花；所想者，不會不是月。」亦即此意。

蘇東坡的詩：「溪聲便是廣長舌，山色豈非清境身」，與「話盡山雲海月情」有異曲同工之妙。道元禪師也說過：「山峰的顏色，溪水的聲音，都是釋迦的雄姿和聲音。」

可見智者所領會的自然佛心都是一樣的。

2 立處皆眞

本以爲庭院中的竹子已經乾枯，不料它卻發出了新芽，在夏日的微風中輕輕擺動，帶給人說不出的清涼感覺。

此刻就是竹子將本性現成的一瞬。

人如何能將純淨的本性現成呢？這正是修禪的主題。

隨處做主，

立處皆真。（《臨濟錄》）

人不管在何時，處身何處，皆應不爲周遭環境所役，要隨時做自己的主人，並清淨的保持無心的本性。

無論在什麼地方，人們都喜歡和無心無欲的人相處，「立處皆眞」這句話，便是這種人的最佳寫照。

行住坐臥間，人應時時不忘保持清淨本性，以顯現廣大的佛心。

3 白雲抱幽石

重巖我卜居，鳥道人跡絕，
庭際何所有，白雲抱幽石；
住此凡幾年，屢見易春冬；
寄語鐘鼎家；虛名定無益。（寒山詩）

東晉謝靈運也寫過「白雲抱幽石」這樣的詩句，意即白雲擁抱著生滿青苔的幽石，乃是以深山幽谷之景來比喻清淨的人心。這種遠離世俗、閒居山中的悠然情懷，也就是日本芭蕉詩人所講的「風雅」。

古語說：「石中有火，不打不發；心有佛性，不修不出。」這種潛藏的價值就是「幽」。《春秋．公羊傳》裡，也說過「雲爲石吐出之息」這樣的句子。如果煩惱的人所吐出的氣是雲的話，這雲不久就會凝結成雨，灑落在幽石上。不是只有古老的石頭才會長苔，人的年紀一大，身心就會逐漸爲世事污染，而遮蔽了原本的眞純心性。只要有「爲雲所抱」的心情，就能盡去塵埃。

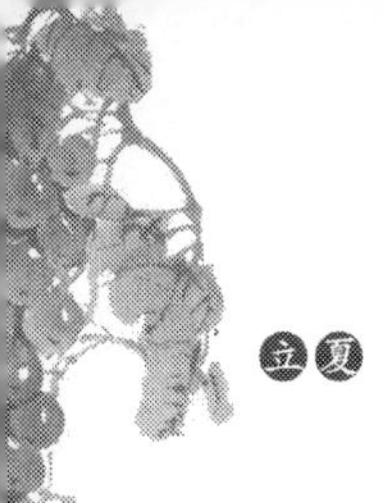

4 知足

釋迦圓寂前所說的佛法《遺教經》，旨在論述「八大人覺」的精義。道元禪師也以「八大人覺」為其生前之最後教義。

所謂「大人」，即指修行佛道的人。他們在修行時，必須固守八大項目，「知足」即其中之一。

少欲、寂靜、精進、不忘念、禪定、修智慧、認識、知足。（《遺教經》）

即八大人覺，這些項目各自獨立，尤其最後一項「知足」，更是不可或缺。

把「知足」之心應用於茶道中，即：「茶的本意為知足之根本，而以茶道為行使知足之途徑。故能知足，則不足亦可成為樂趣。」這段話啓示人要由茶道中的知足，來領悟智慧的圓滿。

5 雲無心以出岫

晉代詩人陶淵明曾在詩中寫道：

雲無心以出岫，

鳥倦飛而知返。〈歸去來辭〉

岫是山洞巖穴，從洞中湧出來的雲叫「岫雲」，當作禪語時，就是忘我、不拘本心的意思。不固執而自由自在的心境，禪者稱之爲「任運自在」。「任運」是無私心、自然的循理行事。「自在」即「雲無心以出岫」，一種忘我的情懷。

禪者所說的「忘我」，是忘掉以自我爲中心。「無心」則是把小我昇華成大我，使小我自然消失。這種情景和雲由山洞湧出，飄浮於天空十分相似，所以，禪者把寒山的「白雲高岫閒」和「白雲自去來」，當成同義語。

「鳥倦飛而知返」，可解釋爲人的內心深處，有一股推動自己前進的力量，當不好的機緣「倦」將之喚醒時，就會產生歸心。〈歸去來辭〉的意思，並不只是指回到實際的家鄉，也是對心的故鄉的望鄉之情。

6 求心歇處

一個人如果能夠數十年都過著平安無事的生活，是十分難能可貴的。

然而，在禪語中所說的「無事」，和一般所謂的「無事」有著顯著的不同。

《臨濟錄》中有一偈：

求心歇處，

即無事。（《臨濟錄》）

這偈語很值得我們深思。

禪本是向內尋索，而非向外求得，能將爭逐名利之心盡數拋卻，不失本心，應用不乏，方可常生智慧，悟得禪理。

但只有深具禪心的人，才能見到本來面目，感受到「無事」的眞如本性。

7 步步是道場

在修行生活中，若穩健踏實的走在佛道上，必可體會生之喜悅。一旦心成虛空，無障無礙，悠然行走於人生大路，豈非祥和之至？可惜這種境界是很難達到的。

私慾常常湧上心頭，驅使人汲汲營營、逐名爭利。反躬自省，面對如此的人生，不禁冷汗遍身，寒意襲人。

道元禪師圓寂前，在室內踱步，並對門下弟子說：

是處即道場。（《禪林類聚》）

當下是處就是道場，若以認眞的生活態度修行，而能明心見性，慧心悟道，便「步步是道場」了。

不僅是在坐禪中才算修行，任何時候所在之處都是道場。人若將一己託付給佛，向佛道邁進，則每一步都是走在道場上。

8 山花開似錦

大龍禪師的一位門生問他：「老師，有形的東西一定會消失，世界上沒有不變的眞理嗎？」

大龍禪師回答：

山花開似錦，

澗水湛如藍。《碧巖錄》

開放在山上的花朵，美麗有如錦織，但俗話說：「三日不見櫻。」可見花兒的凋謝也是很快的。

「澗水湛如藍」的意思是，溪水看似靜止，事實上仍在流動。

山花和澗水雖然不是同一種性質的東西，但就「移動」的本質而言，它們確有相同之處。「移動」才是永遠不變的眞理，這正是禪的無常觀，也正是大龍禪師此語的涵意。

花兒容易凋落，但仍不斷的開放，人生亦應作如是觀。

9 隨處作主

人爲什麼喜歡坐大位子呢？

無論任何聚會，有些人總是喜歡坐在上首，或是襟帶紅花，或是大聲發表高論，以顯示地位、權勢與眾不同。

臨濟禪師曾說：

隨處做主，

立處皆真。《臨濟錄》

臨濟禪師此一訓誨的意思是，人應隨處做主，不一定要坐在上位才是大人物，如果能將自我意識完全拋棄，不執著於顯現自我，才能悟禪近道。

人無論身置何處，都不應拘執於任何事物，以無心無慾處事，方是達人達觀。

除了全然虛心之外，再沒有其他方法可以讓自己成爲自己的主人。

10逢茶喫茶，逢飯喫飯

以「平常心」去面對人生，可以穩定的行走於人生大道上。

如果不以平常心待人處世，凡事就會感到困苦，與人相處也時有爭端發生。

無論怎麼抱怨，生活中的種種困擾依然存在；懂得自處之道，才能將自己從痛苦中解放出來。

總持寺的開山和尚瑩山禪師，曾在徹通禪師門下學道，他突越困境，悟道而得到徹通禪師的印可時，所作的詩偈是：

逢茶喫茶，
逢飯喫飯。《本朝參禪錄》

一飲一喙，看來稀鬆平常，明澄的心智卻可於其中感悟到眞義。

11 山色夕陽時

熙熙攘攘的白日，喧囂雜亂，使人不安。

然而，一到夜闌人靜，市聲沈澱，萬籟俱寂，側耳即可聽見清泉的琤琮清韻。

此時，心與泉聲融合為一，則很容易酣然入夢。

泉聲中夜後，
山色夕陽時。《虛堂錄》

眺望遠山重重疊疊，白晝的山巒似乎也充斥著嘈雜的聲市，使人的心靈找不到寧謐的歸宿。

只有在夕暉映照的山影，輪廓漸漸清明，倦鳥歸巢，晚霞滿天，眞是一幅動人的風景，令人怡然心醉。

尤其是在夜深人靜之後，靜聽萬籟，彷彿心靈與萬物合一，自得自在，特別能證實自己的存在與價值。

12 安禪未必需山水

六世紀時的詩人杜荀鶴曾寫道：

三伏閉門披一衲，兼蔭房廊無松竹，

安禪未必需山水，滅卻心頭火自涼。（〈題千鳥日悟空上人寺院〉）

此詩的意思是：在大熱天裡，悟空上人關著門，身穿一件破衣裳，屋外並不曾種松蒔竹，但屋內卻非常涼爽。可見坐禪不一定要在寧靜的山中或水濱，只要能像悟空上人一樣，心情平靜，縱使在大熱天裡也不覺其苦。

逃避並不能解決問題，必須深入苦惱中化解苦惱。寒暑是自然現象，但如何體認寒暑的苦樂，完全操之在我。在冰天雪地裡，有人仍喜歡溜冰滑雪；在大熱天裡，也有人拚命打球，這都是身在冷暖之中，卻不爲所苦的表現。寒暑或苦惱都是客觀性的因素，人只要能隨遇而安，則雖有冷暖之別，因不與之對抗，就不會覺得有任何痛苦。

火自涼的「自」即關鍵所在，在禪學裡並沒有「火雖熱而仍覺得涼」的奇蹟，只是若能秉持心靜，就可不爲熱所苦。

13 曹源一滴水

達摩禪師以降，繼承禪學眞諦的是第六代祖師慧能。慧能住在廣東省曹溪，由於慧能的傳授，此地的禪法非常盛行，所以曹溪就變成了禪法的源泉。

慧能所成就的禪有雲門、潙仰、臨濟、曹洞、法眼等五宗，再加上由臨濟宗分出來的楊歧、黃龍兩派，共爲七宗。這些宗派皆以「曹溪」之慧能爲源泉，而稱之爲「曹源一滴水」，所以，後來慧能的根本禪心、禪的眞諦、正傳的禪法，都是所謂的一滴水。

《碧巖錄》第七則記載：有位修行僧問法眼禪師：「何謂曹源一滴水？」

法眼立刻回答：

曹源一滴水。（《碧巖錄》）

問題即是答案，這裡面包含了禪學的眞理。就算撇開禪的旨趣不談，現代人也應有思考「一滴水」珍貴性的必要。

14 萬里無雲

仰望夏夜的星空。

深藍的天空，無邊無際，星光閃爍，把明月襯托得更爲純淨。人躺臥在草坪上，心靈似乎也變得寬大，可以容納時空中的一切。

在忙碌的生活中，人往往無法偷閒仰望天空，因而導致心靈愈來愈狹窄。

萬里無雲。（《五燈會元》）

輕輕重複說這句話，「萬里心無雲」的境界即會應聲而出。心中如果積存污垢，人生自不能清朗如明月。

時時勤拂拭，使此心如夏夜星空般清澈無垠，所以靜心坐禪是極爲重要的一門功課。

15 慮知心

世事繁瑣而忙亂，事事要處理，處處須留心。
事事希望不傷害自己的利益，因而分心四方。
處處希望高人一等，所以汲汲營營、努力鑽求。
所謂的「慮知心」，即指「平常心」，慮知心是平常生活所應必備的。
但若只是慮知心，仍無法達到禪的境界。
禪心是以慮知心爲槓桿，以舉起菩提心。
故道元禪師曾說過：

此慮知心，能起菩提心，
此慮知心，非即菩提心，
乃以此慮知心，起菩提心也。（《正法眼藏》）

渾渾噩噩的過日子，則既難生慮知心，更遑論起菩提心了。

小滿

無事就是貴人

1 潛行密用

人的言行舉止，最好不要太惹人議論，縱使行善，也不要讓人知道，當成小事一樁，只要認爲是自己當做的，就好好去做，不爲沽名釣譽，只因「有所爲而爲」。

唐朝高僧洞山良价所收集的九十四句四言詩的最後二句言：

潛行密用，如魯如愚。（《寶鏡三昧》）

「潛行密用」是言行保守、絕不炫耀之意。「如愚如魯」中的愚和魯，都是「愚」的意思。「潛行密用無蹤跡」是禪者日常生活的戒條。乍看之下像是愚人，但在這世界上，卻有如鹽一般的作用，不論在任何食物裡都不可或缺。

一個能夠默默行善的人，才眞正會愛人如己，不斷的使生命發光發熱。

2 與天下人作蔭涼

唐朝禪僧臨濟禪師是臨濟宗的鼻祖，曾追隨黃檗禪師修行，由於長時間無法悟道，自艾自怨，幾乎要放棄修禪的念頭。

師兄睦州悄悄告訴黃檗禪師，臨濟是一個純真的人，頗有可取之處，讚美他是：

向後穿鑿成大樹，與天下人作蔭涼。（《臨濟錄》）

不出所料，後來臨濟禪師果眞成了庇蔭世人的大禪者。

在烈日高照的時候，沒有什麼比大樹的影子更能令人愉快，大樹伸長枝椏遮住陽光，給人帶來習習涼風，可說是不辭辛勞庇蔭眾人。它保護生長在它枝幹下的花草，也正如保姆照顧幼兒一樣。

禪者若能嚴格修行，最後也能庇蔭世人。

大樹最初都只是一顆種子，經歷陽光、雨露的滋潤才漸漸長大。修禪也是如此，必須由小小的求道之心來慢慢培養。《涅槃經》也說過：「住在佛樹蔭涼下者，煩惱諸毒悉消滅。」

3 明鏡止水

沒有一個人的心可以常保平靜快樂。

回首往事，人有時會有反省之心，這時會發覺過去許多爭執與煩憂，只是一些無意義的小事，根本不值得掛心。

日本明治維新時，勝海舟因居功厥偉，被封爲爵，他時常以元老的姿態指導政事或軍事。結果引來嫉妒的福澤諭吉，公然詆毀他故意逞能：「使江戶開城，全是勝海舟的計謀。此人認爲就算是江戶化爲一片火海，也應與薩長的軍隊持續作戰……」

當時，擁護勝海舟的一班人，憤慨地希望他能反駁，但勝海舟一語不發，最後才說：

行藏存我，毀譽他人，與我無關。（《莊子》）

他的意思是：一個人的所作所爲，應由自己負責，不必在意他人的批評或毀謗。亦即：「心如明鏡止水，餘事不值掛齒。」勝海舟的自信與定力，確是徹底通禪的上人。

小滿

4 一日不作，一日不食

生年不滿百，每天無所事事，就算眞有可能活上三萬六千個日子，也是白白浪費一生。

禪宗大師百丈懷海，年過六十，仍然每日辛勤工作，沒有一天休息。不錯，在炎炎烈日下，下田幹活、苦其筋骨的做著農耕之事，連年輕的僧人也深以爲苦，禪師爲什麼一定要和眾人一起耕作呢？

禪師的弟子擔心他年老體衰，不堪勞累，便暗地裡將禪師所用的鐮刀鐵鍬收藏起來，讓禪師休息。

誰知當百丈禪師遍尋不著自己的農具，只好歇息時，他卻也因此不進飲食。接連三天，弟子悶不住，便問禪師：「何以故？」禪師回答：

一日不作，一日不食。（百丈清規）

是的，禪寓於日常生活中，一旦脫離現實生活，即不足以言禪。故依禪學而言，當下是處即是道場。

5明珠在掌

《法華經．卷四．五百弟子授記品》裡，記載一則故事：

一貧者往訪富有親戚，受到熱烈款待，因爲美酒所醉；此時富戚因事欲外出，見他睡意正酣，無法面別，乃在他的衣服裡縫了許多珍寶。可惜他醒後並不知此事，仍過著窮苦的日子。後來在偶然的機會裡，他又遇到那位親戚，親戚把藏寶之事告訴他，他才恍然大悟，原來自己身上藏著許多珍寶。

故事裡的富戚可比佛祖，貧者則是芸芸眾生，身懷無價之寶，卻不知反求諸己，一意外求，眞是何其愚昧！

明珠在掌。（《碧巖錄》）

明珠是寶玉，比喻般若智慧，此一智慧乃在「掌中」，而不在高遠之處。然而，誠如「石中之火，不打不發」，必須加以撞擊，方可冒出火花。

這就好像人的心中雖有佛性，若未加修行，仍無法展現。

小滿

6 芭蕉葉上無愁雨

「一切聲是佛聲，一切色是佛色」，只要敞開心扉，則所見所聞俱是佛祖傳法的聲音和形象。

這並非客觀的存在使然，乃因接受的人有深切的認識而產生的作用。

人本身是有尊嚴的，如果說「存在的就是佛」，就形成了泛神論及自然崇拜，但事實並非如此。存在的本身只是無心的、以原來的形態活著而已，因而深刻的崇信作用乃在人之一念間，如果忽略了其中細微的區別，就會導致很大的錯誤。所謂：

芭蕉葉上無愁雨，
只是聽時人斷腸。

芭蕉的葉和雨都是無心的，雨只是打在那葉上而已。至於如何聽那雨聲，就要看聽者的心情了。

7 溪聲山色

人在幽邃的山谷之間，可以清楚的聽見溪水涓涓在石縫間流過的聲響。遠山巍峨，連綿不斷，亦令人起敬畏之心。

道元禪師獨愛環繞著永平寺的福井山，一生未曾離開此處。

藉溪聲山色之功德，
大地有情同時成道，
見明星悟道有諸佛。（《正法眼藏》）

觀賞溪聲山色，實可體悟釋尊當年見明星而悟道之際，天地有情，同時成道，而萬物復甦的情況。此時此際，並非僅有溪谷與山巒存在。

一切皆為法相，萬相皆復甦，甚至連自性的光明也照亮了每一個角落。

8 截斷紅塵水一溪

流水潺潺，暢然無礙。

人心本來也像溪流，清澈明淨，因沾染污穢，所以窒塞不通，必須盡力除去貪戀名利的污垢，將身心沐浴於無慾無求的清流當中。

衝開碧落松千尺，

截斷紅塵水一溪。（《普燈錄》）

澤庵禪師曾被日本天皇任命爲大德寺住持，但僅任職三日即告退隱。隱退時，澤庵禪師做了一首偈曰：「白鷗終不染紅塵」，意使自己與一切俗念全然截斷。

人生再沒有比截斷紅塵更困難的事了。

只有讓心中長流一灣清澈潔淨的溪流，才能時時滌淨身心。

9 一塵即大地

蓮葉中滾動著一顆大水珠，晶瑩剔透，想必滋味一如甘露，令人很想啜飲而盡。

但是，把蓮葉捧在手上，俯首一看，卻意外的看到露珠中倒映著亮麗的晴空白雲。

一塵舉而大地收，

一花開而世界起。（《碧巖錄》）

肉眼看不見的小小塵埃，若以心眼觀之，可從其中窺見大地的風貌，亦即所謂的「一塵中藏大地，大地中藏一塵」。

一塵中生無量佛。時時作如是想，人生即充滿佛性的光明。

再微小的事物，也存在著萬象的意義。仔細端詳一顆石子，必可體悟其中存活著無量壽佛。

人生到處都輝耀著佛性的萬丈光芒。

10 放下著

佛祖釋迦牟尼在二十九歲的時候，拋妻離子，不顧皇位，苦難修行。到了三十五歲時，連修行也捨棄。這時他已盡數拋卻苦與樂、迷與悟的對立觀念，超越了人與人間的界限而悟道成佛。

夏目漱石曾說：凡事按事理，則無法解決；過度注重人情，則自己吃虧；太固執己見，又事事不順。因此，若要心安理得，就必須拋棄相對的觀念。

古時，有位修行僧問趙州和尚：「一物不將來時，何如？」如果拋棄一切，兩手空空，要怎麼辦才好呢？趙州和尚回答：

放下著！（《五家正宗贊》）

僧人又問：「拋棄一切，兩手已經空空，想再拋棄什麼也都沒了，不是嗎？」趙州和尚回答他：「那麼，把一切都挑起來吧！」

「挑」是反語，這句話把放下的心說得更明澈了，既然沒有東西可挑，就是「把所有的意識也都放棄」，這一放，就放下了一切。

11 大道無門

如何入門進階，通往佛法？想用語言來解說禪理，是得不到眞禪的。

一在門外，一在門內，用如此的分別心來學禪是無益的，必須把人的心思斷滅，成爲自在無礙，方能成就所謂的禪理。

無門慧開禪師在自序中寫過一句名言：

大道無門，
千差有路。（《無門關．序》）

禪一向主張不立文字，教外別傳，然仍有不少人利用文字敘說禪意。應知即使是自文字入門，也難以盡解禪理。

必須跟隨禪師，離卻一切文字，直接接觸老師的全部人格，方可近禪。

能根據此一前提，而以各種禪風指導弟子的禪師相當多，可見學禪最重要的是深入內心，才可體悟到佛法大道根本無門。

12 青天白日怒雷奔

萬里晴空，豔陽高照。宇宙是絕對的無礙無染，不容任何侵犯。靈叟禪師有一句名偈：「青天白日怒雷奔。」意思是，在晴空萬里的天氣中，忽聞怒雷貫耳，勾魂攝魄之至。

利休居士與古溪禪師在死別之際，即曾大喝此偈。

在利休居士被日本幕府大將軍豐臣秀吉賜死的那天早晨，古溪禪師問道：「末後一句作麼生?」

青天白日怒雷奔。（《江湖風月集》）

利休居士無所畏懼的大喝此偈，一切世俗言語都無法進入他生存的最後瞬間，眞不愧是在大德寺參禪禮拜的高人！

這句偈也表明了，他至死也不爲豐臣秀吉所脅。

將自己的生活方式，順應天地自然的運行，則一己即爲宇宙之全體。身而爲人，就應該具有懾人的氣魄。

13 和光同塵

獨自在深山幽谷間，進入坐禪三昧的境界，這樣的人生實在是很美妙的！

禪心即存在於此極爲莊嚴的「獨坐大雄峰」之中。

然而，若是就你我目前的生活而想這樣做，事實上是做不到的，因爲我們每天都在苦海裡掙扎，無以解脫。

到底怎麼辦才好呢？

和光同塵。（《老子》）

只有跟隨良師，在人間地獄中習禪，方可脫離苦海，化解人生中的一切痛苦。悟道的良師能發散溫煦的禪光，在下界的紅塵中，給周圍的人無限溫暖和光明。

求禪以出家爲要，追隨禪師習禪，才能把握眞正的人生。

你我紅塵中人，也惟有接近禪師，才能使沾在心上的塵埃自然脫落。

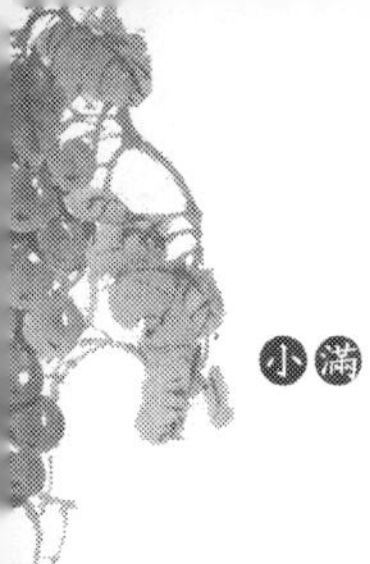

14 百尺竿頭進一步

拋卻沒有意義的計較心理，將「身命」俱皆放下。

道元禪師具有極爲峻烈的禪風，他曾說：

學道人，須身心放下，一心向佛法。

古人云：「百尺竿頭，如何進步？」（《無門關》）

如果一登上百尺竿頭，便害怕失足跌死，就會生出盡力執取之心，反而步步危機。

所以若想更進一步，應將身命放下，將始自度世之業以至於一身活計，盡皆拋棄。

若不拋棄，則不管如何努力學道，亦無法悟解。

雖然要做到「無心」的境地非常困難，但也正因爲如此，才具有挑戰的價值！

15 三界一心

午後的陣雨猝不及防的傾盆而降，使沒帶傘的人頓時成爲落湯雞，有傘的人則暗自慶幸。

不一會兒，雨過天青，這時沒帶傘的人兩手輕鬆，竊喜還好雨下得不久，有傘的人卻爲手持濕漉漉的傘而大爲苦惱。

這些人都是以私利來評斷人生的每一瞬間，亦即所謂的「三界唯一心」，簡稱「三界一心」，又稱「三界唯心」。

三界虛空，但是一心作，
十二緣分，是皆依心。《華嚴經》

三界，指三種世界，即欲界、色界、無色界。

三界皆由一心定生滅，由此可知，此心之重要性，故須使心平正，而後方可以判定善惡。三界皆因妄想所生，以利害之心評判損益，往往鑄成大錯，所以人貴無心，無心爲貴。

芒種

無事就是貴人

1 妙性圓明

傷心的時候掉眼淚，快樂的時候高聲歡笑，這都是情感的自然流露。

人心本是相同且契合的，俱皆慈祥溫和，而且光明遍照十方世界。

人原本具有的佛性，是圓明至善的。

夢窗國師曾說過：

妙性圓明，
離諸名相，
切忌白日挑燈經行，
靈光獨耀迴脫根塵。（《夢窗錄》）

人生而具有圓明妙性，只要徹底修行，使根塵（煩惱）盡脫，就可顯見本心。

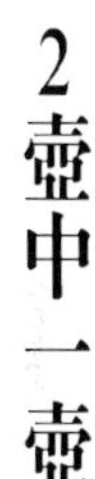

2 壺中一壺天

在公司裡受到冷落或委屈的人，往往怨聲載道或者負氣辭職。但是，在尋找新工作以及不斷的面試之後，他可能會發現原來公司的好處與溫暖。冷靜下來以後，更可能發現辭職是個錯誤的決定，以致心生悔意。

人若能投身壺中，才可發現壺中別有天地，寬廣悠然，何其逍遙！

壺中一壺天。（《禪林類聚》）

無論置身何處，都應該相信當下所在之處，就是最好的地方。因爲即使是在第一流的公司中，僅工作幾個月就求去的也大有人在。

幹一行怨一行，許多人就是這樣，迷惘糊塗的過了一生。

與其浮浮沈沈無所適從，不如認清當下是處，就是人生決一勝負的所在。

3 行亦禪

行住坐臥中，處處都是禪。

並非只有在打坐時才是禪。其實，睡眠時是禪，工作時亦是禪。

永嘉玄覺禪師曾說：

行亦禪，

坐亦禪，

語默動靜體安然。〈〈證道歌〉〉

禪理不須言語，惟有默默動作靜思，身心無牽無礙，方可安詳自在。

不必要的說東道西，只會使人身心俱疲，得不到眞正的安靜。

4 漁夫生涯竹一竿

爲了爭名逐利而汲汲營營虛度此生的，大有人在。忙碌似乎使這些人感覺到生命具有意義，然而當他走到人生的終點時，才發現這一生如果能重頭再來，他會願意選擇較爲悠然自在的方式。

山僧活計茶三畝，

漁夫生涯竹一竿。（《四朝高僧傳》）

這兩句話實在發人深省。

山僧只需要三畝茶園，就可以維續生命的存在，反倒是茶園如果過大，耕作勞累，將無暇思考人生的眞理，如此徒勞何益！

漁夫的生活中，也僅需要一支竹竿即可維生，太多工具和收穫只是徒添苦惱，於生存本身並無益處。

人往往爲無用之物，弄得心力交瘁。

爲什麼不把物欲降低，讓心靈有更大的空間飛翔呢？

5 萬物與我一體

人總是認爲自己和萬物不同，彼此站在對立的立場。

並且以爲萬物只是使人生變得更幸福的手段，這種觀念乃是錯誤人生的開始。

其實，人亦爲萬物之一，與萬物的關係絕非對立。

天地與我同樣，

萬物與我一體。（《碧巖錄》）

若能體悟此一思想，並充滿身心，人生便充滿了光明。

天下雨時，人會被淋濕，因而忿恨不已，但即使與雨滴對立，人也無法運用自己的微弱力量，讓雨降或雨停。

天地之力才能使雨落雨停，人不過是和雨一樣生活在此自然力中，和雨並不是對立的。而且生命必須有雨水的滋潤，才可綿延不息。

萬物俱同出一源，故萬物實與己爲一體。能深刻了解這一層道理，則能體悟生存的喜悅，讓自己更上一層樓。

6 諸法無我

人具有強烈的自我意識。終人之一生，「我執」不斷，至死不休。

即使是在寫遺囑時，也還要分派產業、斤斤計較，以免自己過世後，親族間釀出權益紛爭。

一切的殘殺爭奪，均源於強烈的欲念。

然而，連生死都不能任由自己安排，身外之物又算得了什麼呢？

宇宙中的一切皆爲無我，此在大乘佛教中，稱爲「諸法皆空」。

一切法無我，諸法內無主，
無作者，無知，無見，無生者，無造業者，
一切法皆屬因緣，屬因緣故不自在，
不自在故無我，我相不可得故。（《智度論》）

一切法皆空，皆無實相，此即萬象之眞面目。

人只有生命可以算是自己的，連生命都無法好好掌握，又如何能夠預料其他事物？

所以，人實在得好好體悟諸法俱空的眞理。

7 夜靜溪聲近

喧囂的白日，人聽不到自然界的天籟，只有在夜幕低垂之時，才能獲得寧謐的一刻。

溪谷中的潺潺清流，似在耳畔，洗卻人一天的疲累。此時可以盡情聆聽萬籟，想像與涓涓流水合爲一體。

唐代詩人嚴維，曾在夜闌人靜時，輕輕喚起詩魂，他寫著：

夜靜溪聲近，
庭寒月色深。（三體詩）

仰望月色如水，人心也復歸平靜。

此時宜一面傾聽潺潺流水，一面反省一天的生活。

讓我們自問：在生活中，能否不傷害他人？過著較爲祥和、寧靜的人生？

8 盤結草庵

用漂亮的碧瓦將屋子裝飾得富麗堂皇，這樣的住所誰都喜歡。但禪理卻恰恰與之相反。

只要簡單樸素，能遮風避雨便已足夠。

「草庵」就是以草搭蓋的簡陋茅屋，道元禪師獨愛草庵，說道：「草掩白屋，古聖所住也。」

「盤」即幡，有連結之意。

溈山禪師便是盤結草庵以行佛道的。

此子已後向孤峰頂上，

盤結草庵，

呵佛罵祖去在。（《碧巖錄》）

在遠離塵囂的孤峰頂上盤結草庵，遺世獨立。人為自然光環繞，必能觀照現成佛光。

所以，禪者應摒絕一切虛相，悠遊於天地之間。

9 全機現

天地宇宙間的萬物，沒有一樣是絕對不美麗的。

在炎炎烈日下，水泥地熱得發燙，但小小的螞蟻，仍汗流浹背的奮力拖曳著枯乾的蚯蚓。

看看螞蟻的精神，人對自己的工作效率和態度實在有反省的必要。

生不在來，生不在去，

生不在現，生不在成，

生是全機現，死是全機現。（《正法眼藏》）

道元禪師的心法，連螞蟻也能付之實行，人為何做不到呢？

在生存的每一個瞬間，應全力以赴展現你我的力量，當死亡來臨時，才能將一生擁有的表現，帶到西方極樂淨土。

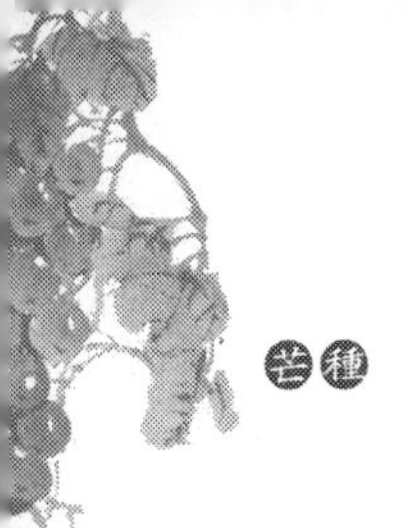

10 白雲深處掩柴扉

有時很想到人煙罕至的地方，蓋一間小庵堂，整日在庵中參禪養性。

日本的大智禪師自皈依後，便在白雲深處建了一所小庵堂，此後一生都在此坐禪，足不出戶。

截斷人間是與非，
白雲深處掩柴扉。（大智禪師偈頌）

這兩句話是他生活起居的寫照，實在令人不敢置信。

白雲深處掩柴扉，說來容易，但眞要將自心置之白雲深處，棄去一切迷戀之情，卻是很難做到的。

人常常妄下評斷，說「這個好」或是「那個不好」，出發點只是其自我的私利。

如果始終有利害得失的執著心，將永遠無法與山中白雲融爲一體，見到我佛眞性。

11是亦夢，非亦夢

澤庵禪師將圓寂時，提筆寫下了一個大大的「夢」字，其旁並加註解：

百年三萬六千日，彌勒觀音幾是非，
是亦夢，非亦夢，佛云應作如是觀矣。

「是亦夢，非亦夢」的意思是，脫離是非相對的知識與判斷後，即可達到對學識與地位全盤忘卻的境界。

澤庵喜歡用夢來比喻人生。有一次，德川家光對戰亂憂心忡忡，乃問道於他：「可有比打仗更好的解決方法？」

澤庵回答：「人生本是夢，卻身在夢中不知是夢，而誤以爲人生另有眞實的世界。其實與人相爭，就如在夢中相爭一樣，醒來萬事皆空。故凡不知現實亦爲一夢者，雖勝亦悲。」

無論爲了什麼，在夢中相爭，都一無是處，所以要養成「勝不驕，敗不餒」之心，把自己變成一個勝負兩忘，「無心」之人。

12 滅卻心頭火自涼

人往往以自我爲中心。

炎熱時尋找清爽的地方避暑，嚴寒時則想到溫熱而暖和的處所避冬。在這種情況之下，人會產生一種錯覺，即只要有錢，就可以達成心中的任何願望。

然而慾望永無止境，既有無法控制的寒冷和酷熱，也有各種各樣的引誘。

洞山良价禪師想將慾望的根性斬斷，使自己——

在冰寒的日子裡，全身是涼的。

於炎暑的季節裡，身體是熱的。

黃龍悟新禪師聽說了這件事以後，感動的說：

安禪未必需山水，

滅卻心頭火自涼。（《碧巖錄》）

惠林寺的快川和尚圓寂前，亦引用這句話，可見其所含禪理之深刻。

13 本來自性清淨心

日本江戶時代的名僧至道無難禪師，曾經訓示人們：

我身有八萬四千惡。

其中大將有色欲、利欲、生死、嫉妒、名利，此五者也。

此極難滅卻，應晝夜以悟清淨本身，而悟即本心。（佛語）

人都是從母體內生下來的。

即使最兇惡的人，也不可能在剛出生時就是個壞人。

赤子之心，本來是清淨無垢的佛心。

也就是說，人心本宿有光明佛性，是清淨無邪的一片虛無之心。然而在日益成長的過程中，卻漸漸被世俗的慾望蒙上了污穢的陰影，真令人感嘆！

本來自性清淨心。（佛語）

此言之意是，人應永遠秉持天生的無心，以清淨的心性過著無執的生活。

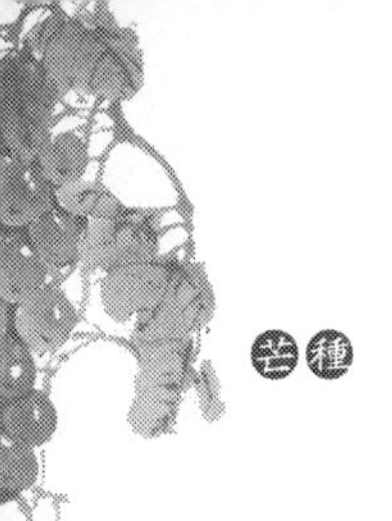

14 萬法即心

雨滴剛剛落地。

有些人歡呼：「下雨了，眞好！」

有些人則嘆息：「下雨了，眞糟糕！」

一樣是下雨，因觀點不同而有完全相反的看法。這都是因爲人皆以利害得失之心，在觀看萬象。

如果以心眼看雨，雨即和心合爲一體。

所謂一心學佛，

萬法即心，三界唯心。（《正法眼藏》）

一切萬物皆能與虛無之心一體化，如使萬物與心對立，當然無法認清其本質。

人若具有萬物和己心一如的看法，人生的道路便會頓時寬廣起來。

15 飛流直下三千尺

人往往固執己見，並拘泥於某些瑣事，橫眉怒目，使眼角、額間皺紋叢生。

此時，不妨想像自己正站在奔瀉的飛瀑下，讓巨大的水流由上直瀉而下，洗滌內心所有的妄執。

大詩人李白遊於廬山瀑布之下時，曾感動的作了一首詩：

飛流直下三千尺，

疑是銀河落九天。（《李太白集》）

世界聞名的尼加拉瓜大瀑布，氣勢雄偉壯麗，令觀賞者震驚，就算本來存心到此尋死的人，也會因此將輕生的念頭拋諸腦後。

不錯，與雄壯的大自然景觀相比，人心的執著實在是微不足道。

一切的拘執皆無實體，乃由軟弱的心靈無中生有，爲之迷惑一生，眞是很不值得！

夏至

無事就是貴人

1木牛步步火中行

有些人在生之時，即塑造自己的銅像，建立歌頌自己功德的碑石，作爲活得極其顯耀的明證。許多帝王爲自己蓋了巨大的陵墓，也都是想使自己的生存，在這世上留下永恆的印記。

禪則恰恰反其道而行。凡悟道愈深的高僧，愈不會刻意爲自己留下行跡。汾陽義昭禪師《五位逐位頌》的「沒蹤跡」中，有一句名言：

木牛

步步

火中行。（〈人天眼目〉）

以木頭刻成的牛，步行於火中，終必燒爲灰燼，不留下一點痕跡。禪學即稱此爲「沒蹤跡」，並以這種生活方式爲禪的最高理想。

人生中，「當下」的這一刹那至爲重要，可以說，修行的此刻即是人生。

2 坐斷舌頭

一說起話就沒完沒了的人，實在令人退避三舍，這是我們在「多言」時必須提醒自己的。

禪理毋須多辯；體悟禪學，亦不必能言善道。只要有一句話能夠直指人心，便很足夠了，不必多說廢話。

有時一句，

坐斷天下人舌頭。（《碧巖錄》）

一句話若能觸動禪理核心，禪法即湧現心頭，一句即可直指人心，所以禪師的禪語，能左右人的一生，力量之大，無與倫比。

老師心無旁騖，學生亦全心習禪，雙方禪機相契，往往可以互相撞擊出智慧的火花而說出雋句。

所以，學禪不必學巧言，一切語言坐斷，全心打坐，始有佳境。

3 只要搧

某年夏天，寶徹禪師正在搧扇子的時候，有一位修行者向他請教：「我知道風存在的道理，可是，我想了解的不僅是普通的常識。關於這件事，有無更具體的解釋？」

修行者提出問題時，寶徹禪師停下揮動的扇子，等問話結束之後　才繼續揮扇，但卻始終不發一語。

只要搧！

這就是他的回答。

寶徹禪師雖然沈默，卻用「搧」的現身說法來回答，希望修行者能自己意會。

風的存在，是肉眼看不見的。無法目視，卻能以「搧」來實踐，使皮膚得以感覺到風的存在，這與「無法用五官來體驗佛心，須用坐禪來體會」是同樣的道理。

4 獨坐大雄峰

我常想起百丈禪師的「獨坐大雄峰」這句詩偈，每當此時，便覺得心靈深處緩緩生出一絲溫暖。

無論身處何處，只要秉持此心坐禪，便覺百丈禪師就在身側。

有位雲遊僧曾問百丈禪師：

「如何是奇特事？」

百丈禪師兀自回答：

獨坐大雄峰。（《碧巖錄》）

雲遊僧豁然頓悟，禮拜而去。

何謂奇特的事？是否只有特別的心靈，才會出現奇特的事？百丈禪師並沒有特別心，會有什麼奇特事發生呢？

其實，當下是處，如此獨坐大雄峰，就正是奇特的事了。

人喜歡追尋奇特的經驗，追求理想固然不錯，但必須在內心上先自證自見，而非外求佛法，否則便一無是處了。

5 澗水湛如藍

偶然行經山谷，忽然仰望天空，只見綠樹的枝椏互相交纏，陽光由縫隙中透射下來，頓覺自己似乎置身於溫馨的綠色華蓋之下。

俯望溪谷中的流水，也是清澈見底，十分清涼，眞想將雙腳置於水中，但終於抑制衝動，只怕弄污了一溪清水。

於是，我登上身旁的一塊巨岩，在上面坐禪約一小時之久。

此時此刻，正是：

山花開似錦，
澗水湛如藍。（《碧巖錄》）

微風徐徐吹動，在此一瞬間，處身此一美景之中，讓人頓時感覺佛心亦即己心。

山花雖易凋零，但綻放時卻一如錦繡，這不正印證了禪的無常觀嗎？人生的一切良辰美景，俱皆寓身於易逝的事物中！

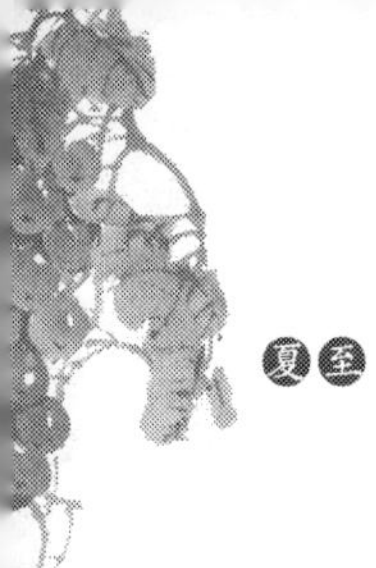

6 庵中閒打坐

獨自坐在小庵中。

四周一片寂靜，午後的天空清明亮麗，雲彩在峰頂飛湧移動。

這眞是虛寂的一刻。

庵中閒打坐，

白雲起峰頂。〈《人天眼目》〉

心中應常常背誦這一句偈語。

瑣事不關心，閒閒打坐，以無心之心體悟此偈，身心便可融入偈境當中。

與其和俗人閒聊虛擲光陰，倒不如靜坐庵中，讓心靈自由自在。

偷得浮生半日閒，在庵中閒坐冥思禪理，豈不愜意！

7 行解相應

一個整天高高在上，只會發號施令的主管，是無法使屬下心服口服的。只有能以身作則、力行實踐的人，才能使屬下見賢思齊，努力工作。也就是說，身先士卒，實踐力行，命令才會更具力量。禪學最重「知行合一」，認為理論性的理解和實踐性的修行相輔相應，才有收穫，而且追隨能夠「行解相應」者為明師。

不拘我見，不滯情識，行解相應，是乃正師也。（《學道用心集》）

以上是道元禪師以親身經驗，解說「行解相應」的真義與價值。

舉例而言，游泳教練若僅是教授理論，而不實際下水示範，學習者如何能真正學會游泳？

所以禪者應注意理論和實踐的相應，知行合一，以為修練要務。

8 一切空

早上起來，遙望東方的天際。天微微亮了，一片乳白色氤氳在天地之間，剎那之後，一道金光從地平線射向天空，使大地頓時明朗活潑起來，天空中的雲朵也全被染成火紅色，這一切，實在美得令人感動！

如此美景，乃是因光和雲的因緣所生。一切皆空，皆因無形，不過是因緣連結在短暫的瞬間形成的。

諸行無常一切空，
即是如來大圓覺。（〈證道歌〉）

以天空爲畫布，以神奇的光和雲爲色彩，揮就一幅生動的晨曦變幻圖。必須不受任何拘束，自由自在的聚合，才能成就至美至善的藝術。

萬物皆因相依而成立，因緣而生，因緣而滅。

亦即萬物皆空，無一可執。

9 山是山，水是水

人必須確實的觀察事物的本象。

颱風過後，庭院瀰漫著秋意，穩靜而祥和，令人精神一爽，足以更冷靜的去觀照萬物。

此時，院中的樹木飽含水分，綠意盎然，青翠沈靜。

人生正當如此，以不偏不執的無心如實接納一切，並與之融爲一體。

雲門匡眞禪師上堂時，曾經喝道：

諸和尚子，莫妄想，
天是天，地是地，
山是山，水是水，
僧是僧，俗是俗。（《雲門錄》）

萬物中的一切個體，都是絕對存在的。

10壺中日月長

居住在富麗堂皇的府第之中，人的生活似乎就十全十美了，但是話題繞著的卻只是俗不可耐、微不足道的小事。

由此可知，即使生活在豪華的住宅當中，如果心靈仍是妄想欲念的囚犯，又有什麼值得羨慕的呢？

人心和華廈不一定是相稱的。

其實，以另一種心態來看，小小壺中亦自有廣大天地：

壺中日月長。（《虛堂錄》）

即使是置身於小壺之中，心胸也不一定要縮小，適應那小小的格局，因為自由自在、無拘無執的心，跳躍出壺外，飛翔天空。

換言之，只要心胸寬大，即能無拘執、無芥蒂，自由自在，到處悠遊，不會為外物所縛繫。

人不論身處華屋或陋室，都必須生活，如此，何不讓己心擴張廣闊，使生活更愉快呢？

11 泥中蓮花

每個人都有優越感，只要稍有與人不同，就沾沾自喜，自我陶醉。

其實眾生平等，一切的差別皆源於人卑劣的天性。

日本江戶幕府末期，對士農工商的階級差別，仍然嚴格遵守。

出生於農家的無三禪師，年輕時在大阪工作，直至五十三歲才遁入空門、修練禪學，終成見解獨特的一代禪僧。當他奉詔回歸故里主持福昌寺時，即以「士」的身分參加晉山儀式。因此，一位嫉妒他修成正道的僧人，就將無三禪師的身分告知主式者，主式者便問無三禪師：「如何是久志良材之莊稼漢？」

無三禪師鎮定如常，不亢不卑回答。

泥中蓮花。（《本朝參禪錄》）

自此以後，主式者終生視無三禪師為師。

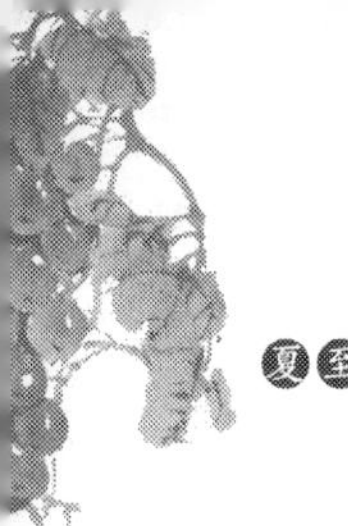

12 有語中無語

有些人說起話來，口若懸河、滔滔不絕，但說了半天，聽的人卻不知所云，實在是浪費彼此的時間和精力。

禪不立文字，而以心傳心。

即使偶以詞句示人，也不留痕跡。

有語中無語，

無語中有語。〈《洞山五位顯訣》〉

盛氣凌人的話語，絕不輕易出口。即使是以三顧茅廬之禮迎請賢士，只要顯露出獨斷、自私或偏執，就仍然不肯出山相助。

人不使用語言，的確難以傳達心意。

但禪卻不願被語言拘執，但求心存誠敬、兩心契合即可。

所以，應以清淨心，修行一種超越言語的眞理。

13 面面佛面，行行佛行

在炎夏的樹林中，有一百個羅漢正在祈求涼風。

一百位有一百種面貌，令人百看不厭。

坐在公車中，游目四顧，車水馬龍之中，你擁我擠的莫非數百個馱負人生重擔的羅漢？大家都在人群間掙扎。

道元禪師以敏銳的心眼，觀照眾生：

面面佛面，

行行佛行。（《永平廣錄》）

每一個人的面貌，都是佛的面貌。

每一個人的行止，都是佛的行止。

道元禪師以澄淨的心靈，凝神觀望萬物，對他而言，一切均爲佛之法相。

人生好比一門深奧的學問，我們應向偉大的禪師參禪，並大開心門，使之易於悟道。

14 大死大活

「大死」不是指肉體的死亡，而是指人所具有的知識力和根本的幻想，及思考能力完全喪失的意思，也可以說是「完全死亡」。

人生在世，必須學習種種應付生活的方法。但對於後天學來的知識，卻不可過分執著，要能達成完全死亡的無心，不過也不能因此而完全無我。要再將無我予以否定，亦即「否定之後再否定」的意思，禪者稱此爲「大活」，這亦不是指肉體之回生，而是和大死相同的精神復活。

大死一次，大活現成。《碧巖錄》

大死是否定知識，大活是智慧的覺醒。前者是人生不良的極限，後者是優良的極點，現成則是指不僞裝而原本存在的東西。

人生需要有大死一次的勇氣，必須具備大死勇氣的人，並不限於禪者，任何人若想有所成就，都得通過「大死大活」的關卡。

15 喫飯喫茶又著衣

日本德川初期的高僧愚堂國師說過：

佛法原來無多子，

喫飯喫茶又著衣。

意思是佛本無特別之處，只不過和應時的喝茶、喫飯、穿衣一般平凡，這話與總持寺的開山常濟大師所說「遇飯吃飯、遇茶喝茶」的意思一樣。愛喝才喝、想吃才吃，並不是「喫喝」的眞意。禪學所謂「喫喝」，是由喫喝當中領悟到生活方式與人生觀，所以「喫飯喫茶又著衣」即是生活的全部。

雖然所說的是茶、飯、衣，但也可說根本不是茶、飯、衣，而是佛的生命之滋生。禪者由於感受到其中之美，才一口氣喝光。

東京淺草觀音堂的柱聯上寫著：

佛身圓滿無背相，

十方來人坐對面。

只要能眞心誠意的一塊兒「喫」、「喝」，就是所謂的「禪茶一味」了。

小暑

無事就是貴人

1 光明遍照

雨水並非隨意飄落，而是從佛與菩薩身上所布施的甘霖，目的在滋潤一切眾生。

雨過天青之後，和煦的陽光亦非隨意照射，亦是由佛與菩薩的身上所綻放的萬丈佛光，目的在溫暖一切眾生。

道元禪師認爲，光明的本義超越「照」與「被照」二元，十方三界與一己，盡悉現成佛性。所以，他說：

人皆了曉雲門山，
光明佛未曾出世。（《正法眼藏》）

道元禪師已經感悟到：己心與智慧光明的佛冥合爲一體。

人總是將人我劃分界線，其實，人生欲達圓熟，必須超越對立，以一元化處世待人。

2 滴水穿石

流水潺潺。

再小的水，也能洗沙磨岩，匯成一泓清流。

水的力量，長流能將堅硬的盤石磨去稜角、改變形狀，使之圓滑潤澤，所以古語說「細水長流，滴水穿石」，就是這個道理。

禪的修行，像水之常流一樣，日日做小小的修行，只要持之以恆，也可達到悟境。

譬如小水，常流則能穿石。（《遺教經》）

水必須日日沖擊相同的地方，才能打穿岩石。

修行也一樣。

參禪於明師，並累積瞬息的努力，終可取得印可證明。其後，亦應如大燈國師一般，在二十年間長養聖胎。

雖是取得印可證明，也應默然持續小水穿石一般的修行，最後才可觀見眞禪。

3 動中工夫

獨自在深山幽谷中修行，必定神凝，如此要參悟禪機，自是易事。但如果軀體身在幽谷之中，心卻仍執著於權勢利害中的話，那麼將永遠無法修成正果。

白隱禪師曾點破了這一點。

惟有心無罣礙，自由自在的活動，才能深刻的體會到人生的可貴。

動中工夫勝靜中百千億倍。（《白隱語錄》）

意思是將萬緣放下的修行，功效勝過靜靜坐禪百千億倍。

現代生活中，靜中有動、動中有靜，很難界定生活的主要方式，所以若自心不夠清淨，就很容易爲世俗的一切所左右。

惟有凝神一志，才能使禪的工夫永遠存在。

要知道，躲在被窩中百般苦思，終究比不上親身體驗來得眞切！

4 橋流水不流

人是根據過去的經驗和常識而生活的。

然而，常識未必能令人心安，或令人幸福快樂，有時反而會引起痛苦。

橋不會流，流的是水，像這樣水在橋下流動，是任何人都深信不疑的常識。

但無論何種常識，禪皆自根本推翻，而逼近超越分別心的眞我。

空手把鋤頭，
步行騎水牛，
人從橋上過，
橋流水不流。（《傳燈錄》）

非通是通，無理是理，欲達此境界，除非是達者。

謹記「橋流水不流」的偈語，身心潛力修行，人生必深廣清明。

5 山高石裂

人的魅力在於氣魄。

禪師就具有裂石崩山一般的大氣魄。禪師銳利的眼神，使心有狂欲妄念者喪膽失魂，悵然若失。由此可見這種驚人的力量。

正氣凜然的氣勢，確實深具魅力。

禪學中有一句名言，可以形容此種凜烈的氣魄，即：

山高石裂。（《碧巖錄》）

此言充分表達禪師的大氣魄。

高聳雄偉的山嶽，昂然立於天際，似乎難以攀越，不可親近。

但只要禪師一喝，卻足以令巨岩粉碎、高山倒崩，由此可見其震撼的力量。

氣魄由只管打坐的修行而生。所以，人生必須努力打坐修行。

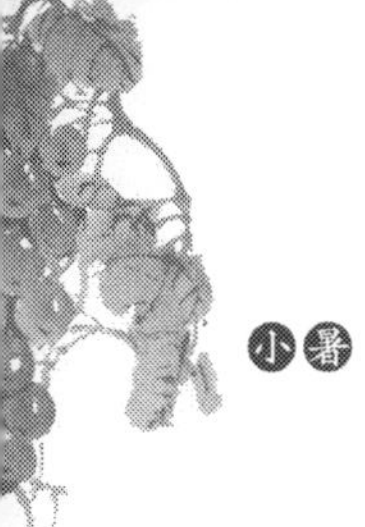

6 水流元在海

清泉在山中到處湧現。

點點滴滴匯爲溪流，最後又聚合成大河，滋潤著綠野上的萬物。

人類依水而生，河流亦不停的漫流。

水流元在海，

月落不離天。（《五燈會元》）

每一條河的流向雖有不同，最後卻萬流歸一，全部匯集到大海。人也是一樣，雖然相貌各異，但本心皆具佛性，最後也將成爲一體。

如果自以爲與眾不同，就會無人親近、孤獨終老。反之，若有「自己也是構成宇宙的沙粒之一」的觀念，便可和一切眾生協力的共同生活。

把自己視爲一滴水，順其自然流向大海，就能與山川萬物合爲一體。

7 清寥寥

天清氣朗，最喜歡觀覽窗外佳景。玻璃窗上留有雨痕，特別令人覺得骯髒，於是，我立刻動手拭除塵垢，一會兒，玻璃便光可鑑人了。

清寥寥，白的的。（《大慧書》）

禪即要求人將心中的污穢徹底洗淨。

若一任貪念、利欲、嫉妒之心執迷不悟，以後儘管再努力刷洗，也很難洗淨。

人心本是最清淨的東西，看看初生嬰兒，便可知道人心是如何的清潔無瑕。

日日清淨己心，則相由心生，氣質大變，人人見而喜之，朋友就會愈來愈多。

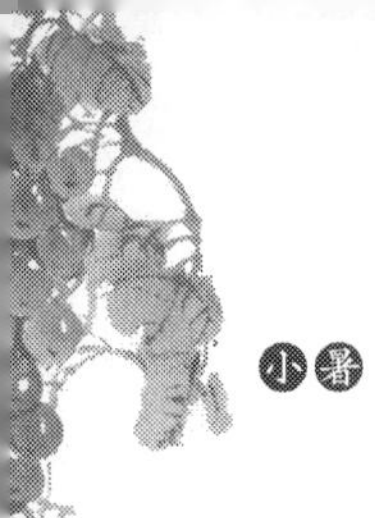

8 豁然大悟

輾轉難眠之夜，胡思妄想最會乘虛而入，大亂人心。此時，通常滿腦子充滿迷亂妄念，且愈想掙脫、妄念愈旺盛，使人愁眉深鎖，心事重重。

除非斬盡妄想，大解疑惑，否則人生難以大進一步。

豁然大悟。（《六祖壇經》）

一作「豁然啓悟」，亦作「豁然證悟」。

意思是：當人捨棄小我的時候，妄想即刻遁形。惟有無欲無執，才不會被外物迷惑。

人生不過一次，豈應爲欲念所執，若能捨身向困境挑戰，反倒能擺脫妄念，使苦惱遁形。

9 任運騰騰

自己心情不好而遷怒他人，使氣氛變得很不愉快，最後一定會感到懊惱悔恨。

有些話本來可以不說，卻因生性喜歡挑人語病，百般嘲謔譏諷，使人極為難堪。

這種行為有什麼意義呢？

凡事其實宜順其自然，才能無障無礙，達到隨心所欲而不逾矩的境界，正如：

任運自在……

任運無作。（〈禪源諸詮集都序〉）

所以，應時時提醒自己貧乏的心：

「更率真袒直！不偏執己見！使心境更寬廣！」

如此戒慎反省，確實修行，就可消除人性業障，使之不亂返正。

人只要活著一刻，就應該認真修行。

10 十方世界是全身

蟬聲大鳴。

有力的「知了——」聲，令聞者精神大振。沒有人要牠如此聲嘶力竭的鳴叫，牠只是順著自然，無心的鳴牠所當鳴。蟬是將浩瀚的宇宙，全當了一己的全身。

長沙禪師曾提到「百尺竿頭，更進一步」的道理：

百尺竿頭須進步，
十方世界是全身。（《傳燈錄》）

在超越一切計較、謀求的地方，有一自己生存的大宇宙，在這裡，禪與人爲一體，並和大宇宙一如。

大宇宙即自己的本身。

若能有此體悟，則人生充滿無限光明。生命即是幸福喜悅的本然事實。

11 善惡不二

人總是把善惡的界限劃分得清清楚楚。

翻開報紙，體育版上昨日的英雄投手，也許明天就是拉垮全隊成績的魔鬼，同樣一個人，數日之內，待遇卻有天差地別。

由此可見，善惡在本質上，並非絕對對立的。

一切皆空，法乃自性無我，因爲被污染之後，才有善惡之分。

「殺一人者處死刑，殺萬人者爲英雄。」

同樣是殺人，卻有善惡兩面、英雄與兇手之分，因爲歷史的嬗遞，歷代的評價也不斷變易，可見——

善惡，因利害得失而生。（佛語）

人生中若過於執著利害得失，就會被善惡之心束縛，以致矛盾衝突，無法平靜。

只有超越善惡判斷之心，才能眞正接受佛心所現成的一切。

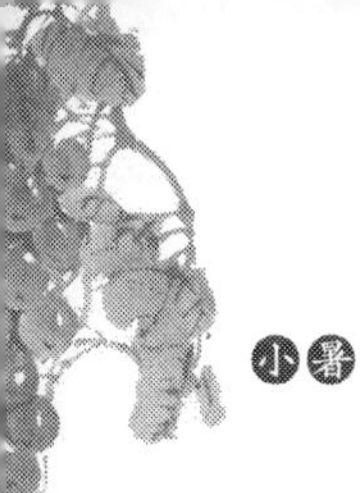

12 清淨大海衆

剃度修行的出家人，與在家的凡夫是有差別的。因爲出家人的功德，實在不是凡夫所能企及。

印度河與恆河皆流注大海，匯聚成印度洋。

釋尊曾說，世人往往受世襲的階級制度所束縛，而出家人則無所謂階級身分，一經剃度出家，即完全解脫，身爲「清淨眾」，而成爲出家教團中的一員。

道元禪師說：

寮中清淨大海眾，

乃凡乃聖，

誰測度者乎。（〈永平眾寮箴規〉）

修行者齊集在道場之中，專心只管打坐，其生活實具深遠的意義。

13 溪聲便是廣長舌

於蟬嘶蛙鳴的夏日中，到寺院中參拜。四周洋溢著蟬聲，極其悅耳，所以日本詩人芭蕉寫道：

「山寺內，蟬聲彷彿滲入岩石……」

禪的悟境，不是恰與斯景吻合嗎？

蘇東坡是有名的詩人，他參禪的功力很深，往往創作出高妙的詩句：

溪聲便是廣長舌，
山色豈非清淨身，
夜來八萬四千偈，
他日如何舉似人。

旅遊各地，溪川的流水聲不絕於耳，以清淨的心聆聽涓涓的流水聲，心靈彷彿與之合而爲一，遨遊在無邊禪境之中。

天籟正如佛祖講述教義，潛心靜德即可與佛祖一如。

14 喫茶去

心如虛空，不著一絲雲靄，以平等善待一切眾生，能做到這個地步，可謂心胸寬廣。

趙州禪師即具有這種無差別心的大師。某日，有位雲遊僧拜訪他，但聞禪師問道：

「以前來過此地嗎？」

「來過。」

「喫茶去。」

另一位雲遊僧造訪時，亦聞他問：

「以前來過此地嗎？」

「沒有。」

喫茶去。（《五燈會元》）

人人皆可以一起喫茶去！對心無罣礙的人來說，萬事萬物眾生平等。所以，無論對待任何人，趙州禪師總是平等關照，別無他心。

15 茶禪一味

即使是忙碌的現代人，在閒暇之餘，也會沏茶品茗。

茶和禪實有極深的淵源。當年榮西禪師由中國攜茶苗至日本，便是爲了使坐禪而身心勞累的修行僧，能很快的恢復精神。

榮西禪師曾說：「茶能調整心律、強化內臟，是讓心情保持寧靜的良藥。」可見，茶和禪的關係密不可分。

千利休是日本茶藝最高深的人，號稱「天下第一茶人」，他曾在大德寺學「禪」，說過一段茶話名言：

> 小座敷之茶道，乃以第一佛法修行得道也。
> 運水取薪，沸湯點茶。供佛施人，我亦飲，
> 插花焚香，皆學佛祖之行跡也。（《南方錄》）

「小座敷」指茶道中四疊蓆半以下的小室，沸湯點茶即泡茶之過程也。在寂靜中泡茶，心曠神怡的品味，此一時也，天地間無限禪意湧入心中，忙中偷閒，確是快意無限。

大暑

無事就是貴人

1 甘味苦味澀味

某禪僧曾留下〈煎茶訓〉，說：

一杯，有清甘苦味；

二杯，有人生苦味；

三杯，有老年澀味。

這茶的味道，不是正和人生的過程一樣嗎？（〈煎茶訓〉）

事實上也的確如此，年輕的滋味是很甜蜜的，中年人的人生或事業則是苦的。而隨著年齡的增長，人生的滋味也就愈來愈澀了。

當然，這三味也不一定照著順序而來，有時相互交錯，諸味雜陳。

人生就像喝茶一樣，不論是那一種滋味，都不能不細細品嚐。

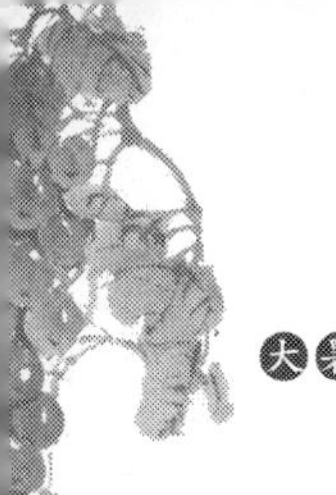

2 可惜一杯茶

旅行途中，在一處茶坊中暫時歇腳，看到茶坊牆上，掛著一幅只寫著一個「夢」字的捲軸。一邊賞玩書法，一邊品嚐茶香，心神頓時安詳平實。

有時在一杯茶中，就充滿了眞如法性，能給人帶來穩靜安定的心靈感受。

投子禪師在稽山教導弟子們修禪。其中有一位單名叫章的年輕僧人，有一天自外砍柴歸來，渾身汗水淋漓，投子禪師便爲他斟上一杯茶，並說：「森羅萬象皆於此中。」章不解，並激動的將茶水潑掉，大聲喝問：「森羅萬象在何處？」

投子禪師心平氣和的回答：

可惜一杯茶！（《五燈會元》）

一生之中，的確應常常以和平感謝的心，去體會一杯茶中寓藏的禪意。

3 本來面目

人生而具佛性，可惜常為慾念蒙蔽，令人憎惡而不自知。

以私欲為皮製成的大鼓，任人如何敲擊，也發不出令人深省的鼓聲。

反之，若為寬大無慾的鼓面，敲擊起來則鼓聲響徹雲霄，人心大振。

僧云：

祇如行鳥道，

莫便是本來面目？（《洞山錄》）

人心本如真佛，無我執，則能以本來面目行度此生。

鳥在朝霧中，且鳴且飛，雖然霧中並不見鳥可棲息之處，也無明顯的飛行道路，但鳥兒仍自在飛翔，且不留痕跡。

人也應如此，以無心行走於人生旅途上，自能安然的自得，不留遺痕。

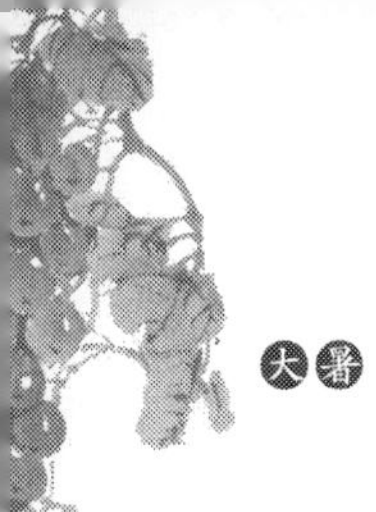

4 小魚吞大魚

對一個凡夫俗子說「小魚吞大魚」，一定招來捧腹大笑。

以常識判斷，這確實是不可能發生的事。

但禪理卻是突破常理的，也惟有超越常理，才可窺見具有生命眞正光輝的禪道。

用禪的觀點來討論「小魚吞大魚」的事件，就是超越了大小的區別。

小魚吞大魚。（《五燈會元》）

推翻一般常識，始可見禪之存在。

大小不過是相對性的比較，若以更大的眼光來看，則大小一如，差距何在？

貴賤善惡，亦因人的常識而定，若活於無差別的禪學至境之中，萬物一如，本性光輝，眾生並無不同！

5 白雲重重，紅日杲杲

古語說：「人逢喜事精神爽。」的確不錯，此時此地，人們喜形於色，俱皆感謝生活的美好。

一旦遇到不如意的事，即刻愁容滿面，頹廢消沈，對人生感到厭倦。

這又是從何說起呢？人生而平等，幸與不幸交織成每個人的人生，而人就載沈載浮在這命運的波濤之中。

獨自仰臥原野上，仰望晴空：

白雲重重，

紅日杲杲。《碧巖錄》

層層白雲，在天空中變幻著各式各樣的姿態，無所拘執，自由自在；而紅日所照耀的天空，也是光輝亮麗，全無陰翳。

禪的精神也正如同白雲紅日，本來是無拘無束、光明美麗，種種迷惑，皆因本心投下的陰影所致。

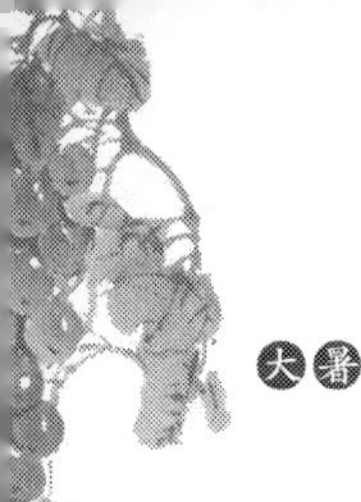

6 孤身萬里遊

有所迷執的人生，無法超脫慾念的掌握，故是極為痛苦難熬的。不拘執於萬事，悠然自得的生活，才能夠體悟人生的美好。禪道不僅具有此一信念，而且終生付諸實行。

一鉢千家飯，
孤身萬里遊。（《五燈會元》）

人若能視地位名利如浮雲，便不會自囿於其中，而能確實在可貴的人生中求取生存價值。

禪僧的人生則更具有意義，孑然一身，托鉢萬里，如閒雲野鶴般浪跡天涯。隨心所欲，行跡所至，皆不為外物所拘束。遊萬里路體悟人生之真諦，實為無限幸福之人生！

7夜眠日走

在適當的時候做適當的事，是人生中最難能可貴的德行，順應自然，恰如其分，正是上乘境界。

日落而息，對萬物而言，夜晚是睡眠的時候。

日出而作，對萬物而言，白晝是工作的時候。

按時克盡職分，才有所謂充實的人生。

夜眠，

日走。（《普燈錄》）

道理雖然簡單，卻有許多人做不到。

有些人是夜貓子，非到傍晚，精神無法集中。這樣的人早上起床，當然是恍恍惚惚、不知所云，不明所以。

所以，能徹底的順乎自然本性，才可掌握珍貴的人生。

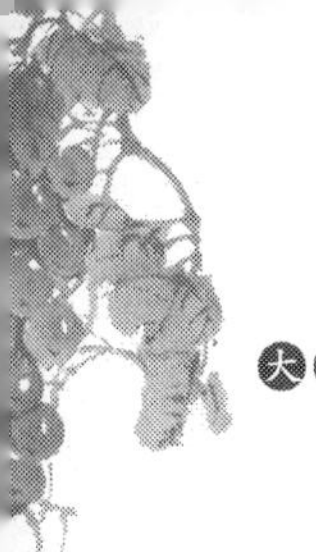

8 徐行踏斷流水聲

靜聽流水潺潺，心思會不自覺的被水聲吸引而順流冥想。

野雁在天空中盤旋，無聲無息，牠悠然的姿勢，使人但願自己也化身野雁，振翅高飛，不留痕跡。

徐行踏斷流水聲，
縱觀寫出飛禽跡。《碧巖錄》

人生中，偶爾應偷閒享受一下山居的快樂。側耳聆聽流水聲，眞是世間最美妙的音樂！

在大自然間，人頓感身心安詳自在。

或許因爲大自然的脈動，與自己的心跳密切契合，才使人覺得自在愉快吧！

人生中最幸福的事，莫過於投向大自然的懷抱中與萬物冥合，爲什麼我們不偷得浮生半日閒，與大自然來一次約會呢？

9 如愚如魯

欣賞寒山、拾得的畫像，可使人頓生萬緣放下之心，達到清淨愉悅之境。

因爲二者的神情毫無執迷與貪慾。

有的只是海闊天空、悠遊自在的人生。

這正是所謂：

如愚，

如魯。（《寶鏡三昧》）

人總是過度相信自己的聰明智慧，一心一意要在外表上表現出自己與眾不同。

但眞正的達人卻是「如愚如魯」的，既不以貌取悅於人，亦不以貌取人。

惟有不拘執於表相的心，才能在寬闊的人生之海中悠遊。

10三昧王三昧

現代社會的資訊傳播極其發達，如果一己之心不能保持清明，就很容易產生迷惑。

通常，人在一個新資訊尚未完全吸收之前，又收入更新的資訊，以致應接不暇，不是半途而廢，就是弄到最後一事無成。

禪學則一反此種精神紛雜的態度，以精神的完全統一爲主要目標，此謂之「三昧」，而三昧中至善的則爲「王三昧」。

道元禪師將只管打坐稱爲「三昧王三昧」：

> 渾然無覺的結跏趺坐，即三昧王三昧，此證入也，一切三昧，皆王三昧之眷屬也。（《正法眼藏》）

人生亦須有人生三昧。

急功近利、東奔西跑的人，始終無法徹底的完成任何一件事。但人生並非小事，所以至少對自己，須至誠至忠的實行人生三昧。

11 壁觀三昧

我常對著達摩大師面壁的畫像，陷入沈思之中。

人在遭遇危機時，若能有達摩面壁九年的不動禪心，人生豈非無風無浪、安和無礙嗎？

達摩大師面壁九年後，把面壁寂然靜坐的禪機傳給門下弟子。

道元禪師確實參習達摩大師的禪法，並將之傳往日本紮根。

端坐身心脫落，祖師鼻孔空花，
正傳壁觀三昧，後代兒孫說邪。（《永平廣錄》）

道元禪師正傳壁觀三昧，故「道元禪」要求門人面壁而坐。

佛向心中作，不向心外求，對他物無所求，並迫近本心，來參禪習佛，才能返觀自性。

清淨身心乃禪道之至要。

12 徹頭徹尾不離叢林

一個人在草庵中坐禪。

獨自坐禪沈思，固然值得嘉許，但禪道應與眾生融為一體，所以參禪辨道應和所有修行者共同研究、互相激勵，方可徹頭徹尾進入道場。

所謂「頭」，即開始之意，而「尾」則指終結，也就是必須徹底參禪，才能不離禪道。

努力修行，是學禪者當務之急。

一生萬生，把尾收頭，不離叢林。〈《正法眼藏》〉

「把尾收頭」即徹頭徹尾之意，「不離叢林」，即應與優秀的老師及同學共同行住坐臥，以學得明師的全人格。這就是修業的根本。

與志同道合的夥伴在一起，互相勉勵切磋，以激勵隨時可能鬆懈的脆弱心志。所以，禪者應不離道場。

13 嫡嫡相承

人在學禪時，必須接受相當的琢磨。

能琢磨他的良師，才能將正法確實傳承下去，此即所謂「嫡嫡相承」。

尤其是禪學，師徒之間是以心傳心的，無任何文字可資言詮，因此，除了嫡嫡相承之外，別無他法。

縱使連綿千萬年學習，

如非嫡嫡相承，

則難以嗣續。（《正法眼藏》）

只是一部分的教育，無法完全磨練人格，必須師徒共同生活，代代相承，才能學習到全部人格，稱得上「近禪」。

道元禪師無一日離開弟子，刻意栽培，無微不至。他視任何一位門人皆爲自己的分身，因而門下英才輩出，弟子們也秉持嫡嫡相承的法訓培養再傳弟子。所以，永平寺的宗法始終薪火相傳、不斷延續。

14 獨立無伴

人生的道路是坦途或窄路，事實上是由自己決定的。

只要心無拘迷，必可與他人之心契合，而自在悠然的過日子。若是被現象界的空相所拘囿，則一定不得自由。人惟有超然跳脫至現象界之外，方爲禪心所應有的處世態度。

而不爲世俗利益搖動心志，能絕對的獨立，才可以說是達到了禪的悟境。

道元禪師說：

眾人之心意，

非火爐闊一丈即道不是，

亦應下闊之獨立工夫。（《正法眼藏》）

只要心靈開闊，即使是坐在斗室之中，心靈亦能飛升天外，照見無限景觀。

15 安閒恬靜

生活在現代都市中，人儘管想安靜生活，也根本不得安寧。隱遁於深山自然之中者，則與大地共生共作，生活的方式極爲安閒適意。像這樣，能以安詳寧靜的心處世的人，才可以說是人生的達人，一生必無風無浪，平靜安穩。

安閒恬靜，
虛融澹泊，
此名一相三昧。〈《傳燈錄》〉

達摩大師在少林寺中面壁九年，終日默坐，禪心虛寂。大師從不以文字教示後學，這可能使許多人感到納悶。

其實，細體達摩面壁九年的虛寂生活，即可知在安閒恬靜的坐禪之中，所獲窺的玄機是超越言語的。

生活忙亂的人，不妨先做一個深呼吸，然後，再盤腿試著打坐，必可復歸平靜，得到恬澹靜謐的安適。

國家圖書館出版品預行編目資料

日日是好日：身心自在的智慧／滌塵著. -- 初版. -- 新北市：黃山國際出版社有限公司, 2024.07
面；　公分. --（生活禪語；001）
ISBN 978-986-397-172-6（平裝）

224.517　113001086

生活禪話 001
日日是好日：身心自在的智慧

著　作　滌塵
出　版　黃山國際出版社有限公司
220 新北市板橋區縣民大道 3 段 93 巷 30 弄 25 號 1 樓
電話：02-32343788　傳真：02-22234544
E-mail：pftwsdom@ms7.hinet.net
印　刷　百通科技股份有限公司
電話：02-86926066　傳真：02-86926016
總 經 銷　貿騰發賣股份有限公司
新北市 235 中和區立德街 136 號 6 樓
電話：02-82275988　傳真：02-82275989
網址：www.namode.com
版　次　2024 年 7 月初版一刷
特　價　新台幣 300 元（缺頁或破損的書，請寄回更換）

ISBN-13：978-986-397-172-6